小川仁志——著

提升職場決斷力的西洋哲學

從哲學史、名著到專門用語，掌握為工作加分的7大工具

卓惠娟——譯
中央研究院中國文哲所博士後研究員
王鍾山——審定

前言　教養就在你的公事包中

說教養熱潮或許誇張了點，但是現在冠上「教養」一詞的日文書籍、雜誌等確實在增加當中。說起來到底什麼是教養？一般而言，指的是具備廣泛知識的人，我們會說「那個人很有教養」。然而，教養原本指的是精神上的成長。

這是因為拉丁文中的教養——「eruditio」，具有在自然環境中形成自我的意義，英文的教養則寫成「culture」，這個字有「栽培」的意思。也就是說，精神的陶冶才是教養真正的意義。因此，教養需要廣泛的知識自然毋庸置疑，但不僅如此，陶冶精神需要能以自己的腦袋確實思考。

現代需要教養的理由就在這裡。尤其在二十一世紀，由於全球化及網際網路而形成的知識不斷變化，做任何事都需要從零開始創造規格、思考其中架構。**因此需要具備以自己的腦袋思考的能力。**

商場也是如此。全球化帶來商業環境的劇烈變化，無法以過去的常識或經驗來應對的案例日漸增加，而且，由於變化過度劇烈，ＭＢＡ等學習性的既有企管工具已經無法因應。

這種時候能夠仰賴的，就只有自己的腦袋了。我們需要能洞悉事情真相、自行精確判斷的能力。因此，當然需要廣泛的知識。但除了廣泛的知識，更不可或缺的能力是以學會的知識為基礎，果斷回答未知問題。

那麼，為什麼現在需要「哲學教養」呢？近代德國哲學家黑格爾的代表著作《精神現象學》，主題就是精神陶成，內容是闡述人類意識成長。黑格爾在這本書中論述教養問題。教養在德文中為「Bildung」，以他的觀點來說，教養是指精神經驗了各種事物、逐漸鍛鍊的過程。

因此，自我懷疑、否定，具有重大的意義。先從懷疑自己開始，因為我們得以展開新世界、鍛鍊精神，而且能夠使成為可能的學問，除了哲學不作他想。

那麼，各位有哲學的基礎知識嗎？沒有？咦？你說不需要。或許在日本的確如此。但是，世界各國以歐美為中心，理所當然地在學校教授哲學，法國甚至列為大學入學考的必考科目。**因此，在全球活躍的世界菁英，理所當然具有哲學的基礎知識。更進一步來說，對他們而言，西方哲學知識不可或缺。**

舉個例子來說，PayPal 共同創業的投資人彼得．提爾（Peter Thiel）曾在某本雜誌的採訪中說過，他熱愛的作品是哲學家勒內．吉拉爾（René Girard）的《自世界建立之日起便隱藏的事物》。吉拉爾是現代的哲學家，他的著作當然也包含許多古希臘以來的哲學真知灼見，所以若不了解過去的哲學知識，就無法了解吉拉爾所寫的內容。因此，提爾當然具備哲學的基礎知識，歐洲像他這樣的人隨處可見。

前面說過法國的大學入學考，哲學是必考科目，仔細一想，其實這是件很麻煩的事。正確來說，哲學在法國的高中是必修科目，所以為了通過大學的全國統一國家考試，所有人都必須與艱難的問題對峙。而且，有別於日本大學入學的統一測驗，這項哲學測驗，形式上會讓考生花數小時，思考關於自由、平等的意義，進行真正的哲學思考。

這麼一來，考生當然平時就要做充分準備。課程也不是機械化地死背知識，而必須仔細思考、徹底討論。在日本就連大學也很少做這樣的事情，法國則是從童年時期就開始讓他們學習。舉個做得相當徹底的例子，應該就是在幼稚園進行哲學教授實驗的紀錄片《小小哲學家》吧？法國學童從小就在不同階段思考「愛」、「思考」的意義，隨著成長而成為哲學家。

因此，國際哲學學院理所當然地創設在法國，這是個任何人都能向一流學者學習哲學的地點。順帶一提，這個學院的第一任院長，就是本書也會提到的哲學家雅克・德希達。

歐洲因為是連接的大陸，過去哲學家就在各國之間往來，就連英國與歐洲大陸相隔也並不是很遙遠。因此，不限法國、德國，到處都有著研究哲學的傳統。比方說丹麥有齊克果般的哲學家，荷蘭有斯賓諾莎，英國則誕生了培根、洛克。

另外，由於歐洲移民而建國的美國，同樣無可避免地繼承了哲學傳統。美國大學同樣仿照歐洲大學，教育方面也承襲了相同的內容。

當然，相對的也會產生與歐洲古老傳統訣別的一面，因而才會有重視實踐的實用主義、自由主義等政治哲學大放異彩。然而這些學問基礎，很明顯地可以說是基於歐洲孕育而成的哲學傳統。

美國的自由主義，延伸自英國洛克、彌爾所奠定的自由主義論述基礎。而且他們並未局限在大學的框架內，在街談巷議中也熱烈地討論哲學。表面上似乎多半談論政治話題，但就我來看是充分的哲學議論。過去我曾在美國普林斯頓大學從事研究，猶如大學課堂上進行的議論性對話，也會出現在一般人的對話中。

在生意往來的場合中，雖然未必會直接討論這樣的話題，但是仍會在交談中不時出現哲學用詞或哲學家的名字。越是教養程度高的菁英，使用頻率越高。這就像我們日本人在談話時，常援用日本史當中的關原之戰或薩長同盟等例子。日本人對於日本史知識相當有概念，不僅從國小到高中都在學校學習，電視劇也常以偉人為拍攝題材，所以日本人會在對話中頻繁引用。

同樣的道理，西方人則是在談話中運用哲學的知識。相信各位現在應該明白哲學的重要性了。也就是說，如果不明白比喻的意義，就無法完全理解其中的脈絡，這也很可能直接關係到生意的成交與否。更別說在宴會場合上、漫無限制的談天說地中，交談之際可能一再穿插著西方哲學的知識。

若是沒有意識到自己缺乏這樣的知識，將導致極大的損失。在商場上，資訊是珍寶，再也沒有比無法正確掌握資訊更可惜的事了。

那麼，為什麼西方人如此重視哲學知識呢？開門見山地說，是因為能派上用場。再怎麼酷、怎麼有知識，無法派上用場就不會受重視，也不會去運用它，即使運用了，也只會惹人嫌惡。哲學之所以頻頻出現，就是因為實際上有益處。

原本哲學就致力於批判性、根源性地探究事物本質。所謂批判性，就等於「懷疑」。事物的本質原本就潛藏不露，必須加以揭穿才能得知，所以一定要從懷疑起步，而且，必須一再反覆加以懷疑。

因此就有必要進行根源性的思考。**不是只懷疑一次，而是要徹底懷疑到甚至執拗的程度，才能真正觸及本質。**若是能透過這樣的方式了解事物的本質，就不至於上當、失敗，也就是為你帶來商場上的成功。這也就是西方人重視哲學的原因。

反過來看，日本的現況又是如何呢？很遺憾的，日本別說國中、高中，就連大學也多數都未列入選修科目。因此，絕大多數的人連基礎知識都沒有。在日本商業人士也從事全球化工作的現代，這樣真的好嗎？現在正是把哲學視為商業教養，有必要學習的時候不是嗎？

本書要介紹的哲學知識，正是定位在從事全球化商業所必需的哲學教養，介紹商場上所需的工具。藉由嫻熟本書內容，讓你有效地學會哲學教養。

具體來說，必須學會以下七種工具。

第一個應當掌握住的工具是「哲學史」，概括地回顧了兩千數百年的哲學史，因為任何事物都必須先掌握住發展脈絡。在這部分歷史知識中，我想可以約略掌握住各個項目的概念。

第二個能運用在商場上的工具是「思考法」，我精挑細選出商場上必要的二十個哲學思考法，同時介紹應用方式。一般認為必要的思考法和「必要的用詞」可能多數會重複，本書除了重要部分，盡可能避免重複。

這個原則適用本書通篇內容，著名的用詞可能在介紹思考法時極其重要，但很可能在介紹著作時也不能不著墨，又或者出現在哲學名言中，因此，可能有部分重複出現，但我認為也可從不同角度了解其重要概念，希望讀者能夠諒解。

在工具三的應讀「名著」，則是從必要的古典著作中，挑出在商場必備的二十本名著來介紹其中內容。

工具四，介紹打動對方內心的「哲學名言」，特別挑選出任何商務人士都必要的二十句名言。

工具五，加分作用的「相關知識」：宗教、倫理、日本思想，則是介紹其他和哲學密切相關，尤其與他國生意往來時不可或缺的宗教知識及倫理，特別是應用倫理，以及在全球活躍的日本商務人士所需的日本思想。

工具六，應該鎖定的「重要人物」，則是介紹最重要的二十位哲學家。

同時也介紹了該人物在商場的什麼情況下被提及。

工具七，應該了解的「必需用詞」，介紹大約二十個商業人士必須知道的哲學用詞，並且舉出使用實例。

事實上，這七項工具，絕不是隨意挑選。在各個項目中都有充分必要性。而且，分為七個項目來介紹，還有一個很重要的理由。那就是，同樣的事物採取不同的角度觀察，看法也會不同，既然看法不同，當然有不同的運用方式。

因此本書刻意採取多重角度。因為我認為以多重角度來觀察事物，才能客觀掌握事物的全貌。

以哲學而言，如果只學習哲學史，就只能掌握不同時間過程的思想變化。又或是如果只學習哲學名言，就只能記住話語本身的強烈印象。然而，**哲學是更巨大而整體的一門學問。為了掌握住它的全貌，有必要從多重角**

工具 1

歷史

——應當掌握的「哲學史」

工具 2

思考

——能運用於商場的「思考法」

工具 3

經典

——應讀的「名著」

工具 4

名言

——打動對方內心的「哲學名言」

工具 5

相關知識

——加分「相關知識」：宗教、倫理、日本思想

工具 6

人物

——應該鎖定的「重要人物」

工具 7

用詞

——應該了解的「必需用詞」

度去探索。

但話說回來，人生畢竟時間有限，不可能把所有時間都奉獻給哲學。不可能一一閱讀哲學史書籍、思考法書籍、名言書籍、專門用語集。

基於這樣的理由，本書從哲學的一切可能角度去探索，然後整理成一個套件（左頁的參考圖）。因此重視每一個工具的簡便性，盡可能注意以明瞭簡易的方式說明，不過，相信通讀過本書後，應當可以讓各位明瞭哲學的重要性。

本書可以說是繼我過去所寫的《這麼動人的句子，是怎麼想出來的？》[1]、《超譯「哲學用語」事典》後，**針對商業人士的哲學最佳啟發書及長期暢銷書的集大成之作，所以才會濃縮了好幾本書的精髓。**

---

1 原書名為《七日間で突然頭がよくなる本》，直譯為《讓頭腦七天變靈光的一本書》。

《以多重角度來觀察，掌握事物的全貌》

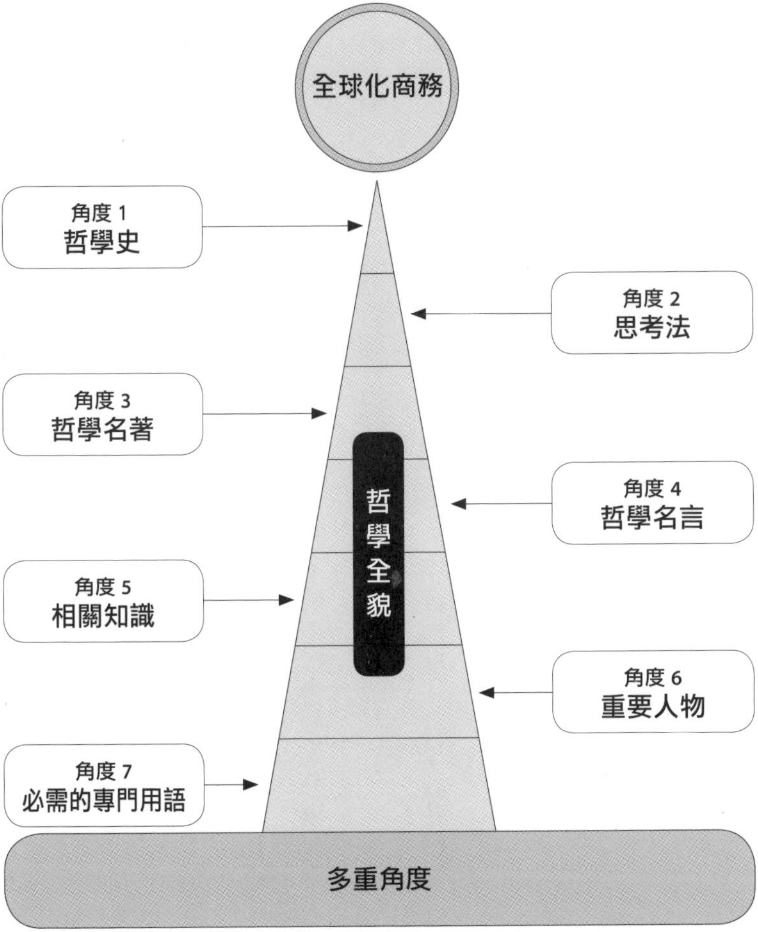

而且本書因為是我刻意就全球商務而寫，就這層意義而言，完全是針對有心在國際間大展身手的商務人士而提供的一本「教養哲學」。

實際上，本書提出說明的七項工具，任何一項都是全球商場上，可說是基礎中的基礎所必需的事項。不論是目前從事國際商務的人士，或是未來有心從事這一方面研究的學生，都務必一讀，相信應當能實際派上用場。另外，只讀一遍無法完全記住，到國外出差時不妨把本書放入公事包中，以萬全的準備因應你可能面對的狀況。

就如同電腦、電子辭典等必備商務工具，本書濃縮了哲學教養精髓。沒錯，教養就在你的公事包中！

工具 4

名言

打動對方內心的「哲學名言」 135

如果幸福是善，那麼以達到最大量亦即最多數人的幸福為目的，便是道德的善。／想要穩固自己地位的君主，有必要學會習慣不當一個好人。／我們並非天生為女人，而是被塑造成女人。／人在本質上是政治性的動物。／人類是一條繫在動物與超人之間的繩索。／萬物流變。／我思，故我在。／人不過是一根蘆葦，是自然界最脆弱的東西；但他是一根能思考的蘆葦。／人類的知識與力量是一體的。不明就裡就無法產生成果。／人生下來其心智如同白板，沒有觀念。／你的意志準則應當永遠符合所有人都能接受的一條普遍法則。／凡是合乎理性的事物都屬於現實；而屬於現實的事物都合乎理性。／一切事物除了遊戲之外無以名之。／認識自己的無知就是最大的智慧。／人生而自由，卻無往不在枷鎖中。／我們在不知不覺間，在心中形成該做什麼或該迴避什麼才適當的一般準則。／絕望就像被致死的病糾纏。你瀕臨痛苦的深淵，卻求死不得。／存在先於本質。／每個人都是看著自己眼前，而我則看著自己的內在。／媒體即訊息。／使工作變

工具 1

歷史

應當掌握的「哲學史」

了解哲學史概要

古希臘

前蘇格拉底哲學

泰利斯　赫拉克利特　德謨克利特　畢達哥拉斯

↓

古希臘三大哲學家

蘇格拉底

↓

柏拉圖

↓

亞里斯多德

↓

希臘化時代

（季蒂昂的）芝諾　伊比鳩魯

↓

中世紀

基督教哲學

聖奧古斯丁　多馬斯．阿奎那

↓

文藝復興

馬基維利　皮科．米蘭多拉

↓

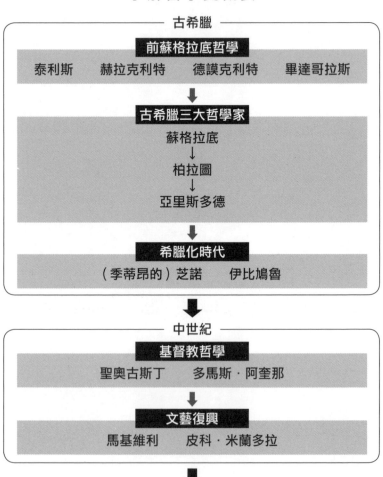

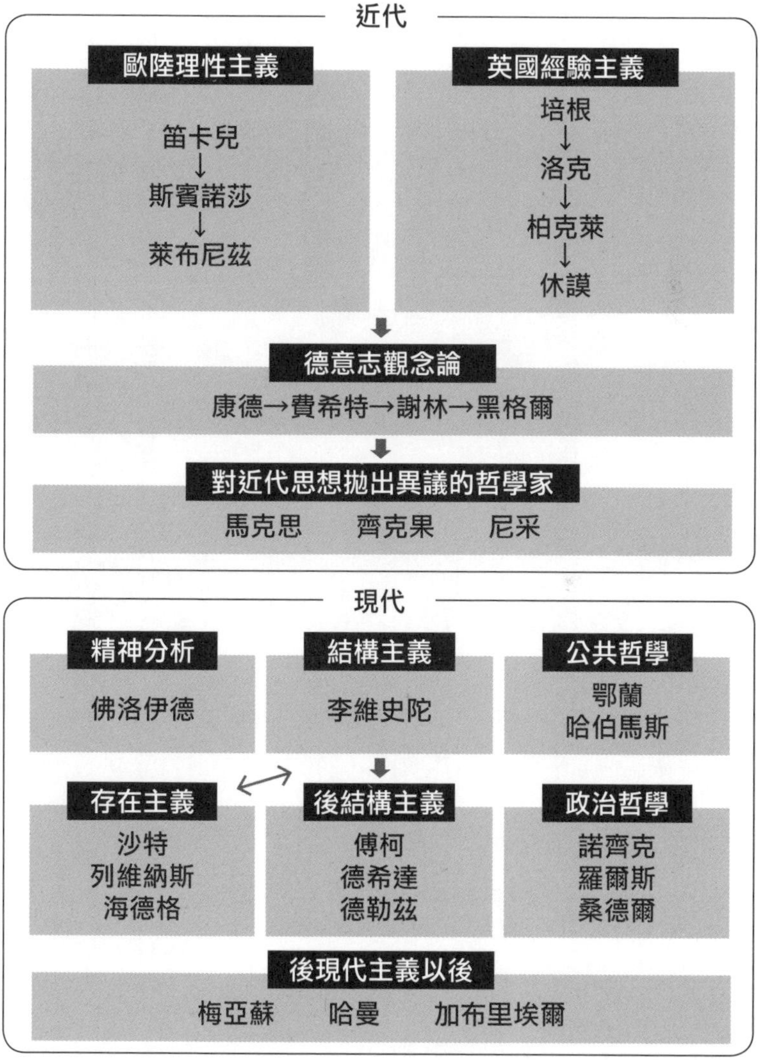
近代
歐陸理性主義
笛卡兒
斯賓諾莎
萊布尼茲
英國經驗主義
培根
洛克
柏克萊
休謨
德意志觀念論
康德→費希特→謝林→黑格爾
對近代思想拋出異議的哲學家
馬克思
齊克果
尼采
現代
精神分析
佛洛伊德
結構主義
李維史陀
公共哲學
鄂蘭
哈伯馬斯
存在主義
沙特
列維納斯
海德格
後結構主義
傅柯
德希達
德勒茲
政治哲學
諾齊克
羅爾斯
桑德爾
後現代主義以後
梅亞蘇
哈曼
加布里埃爾

在工具一的部分，我將概略介紹應該了解的哲學歷史，也就是所謂的「知識地圖」。往前可追溯到古希臘的西方哲學史，大致分為古希臘、中世紀、近代、現代這四個區塊，我想比較容易了解。以下就根據這四大分類來介紹。

古希臘哲學

哲學歷史開始於古希臘時期。古希臘不但具有歷史地位，更生氣蓬勃，理解這個時期的狀況，說是成為有教養的商務人士第一關卡也不為過。

研究哲學，一般都是從蘇格拉底開始。不過在蘇格拉底以前的哲學家，確實也進行了思索，為了說明哲學世界成形概況，我們不妨先從這個時期了解一下概況。

這些哲學家被稱為「Pre-Socratic」，意思是「蘇格拉底之前的人們」，由於他們主要是探究自然的本質，因而又稱為自然哲學家。

自然哲學家追求萬物的「本源」（arche），企圖解開自然現象的奧祕。例如，一般認為最早的哲學家泰利斯，主張水是萬物根源。而說出名言「萬物流變」的赫拉克利特，則認為火才是萬物根源。

又如德謨克利特則主張構成萬物的是原子，他的原子論後來得到近代科學的證實。此外，提出「畢氏定理」而聞名的畢達哥拉斯，則主張數字可以說明一切萬物。

正因為有這些在蘇格拉底以前出現的哲學家探究知識的前史，然後才有哲學之父蘇格拉底，以及柏拉圖等這些我們熟知的哲學家登場。

蘇格拉底被稱為哲學之父不是沒有道理。由「philos」（愛）與「Sophia」（智慧），意為「愛智慧」的哲學一詞「philosophy」，正是來自蘇格拉底的命名。更重要的，是他確立了探究哲學的手法。

也就是說，蘇格拉底確立了藉由批判性地檢討對象，來揭露事物本質的哲學手法。具體而言是基於「無知之知」的「問答法」，絕對不假裝自己知道，重複向對方提出質疑，藉此成功地引導對方主動說出真理。

想了解問題所在，首先必須抱著謙虛的態度，而且，為了正確引導，必須與他人對話。蘇格拉底的教誨，可以說就是在傳達這些基本態度。

當時原本是所謂的「智者」的詭辯家們，教授人們事物的本質。他們認為自己無所不知的傲慢態度，和蘇格拉底主張的無知之知形成對比。蘇格拉底批評詭辯家，主張人們應該以自己的腦袋好好思考。只可惜他不畏權力的批判態度被視作危險分子，最後因此被判處死刑。

因蘇格拉底而誕生的哲學，由他的弟子柏拉圖，以及柏拉圖的弟子亞里斯多德承續下去。柏拉圖認為事物本質的「理型」（Ideas）並不存在於現實世界，而是存在於理想世界。因此不要被現實世界所矇騙，追求理想世界的真理，才是應有的態度。柏拉圖認為真理總是隱藏著，所以要尋找真理必須鍛鍊心靈的眼力。

柏拉圖以有名的洞穴比喻來說明這個主張。他說在一個洞窟內，囚犯背對著太陽面壁而坐，在這個狀況下，就算讓囚犯看玩具馬照出來的影子，囚犯也會受騙以為是真的馬。這就像**我們平時所見的事物，其實只是映照在洞窟上的影子。所以如果沒有透過心靈之眼，就無法看見真理。**

亞里斯多德則與其相反，他堅持的是現實。尤其是他的社群論及奠基於社群論的倫理，提供我們在思考事物本質時的實際觀點。那就是意味著一切事物恰如其分狀態的「中庸」觀點。亞里斯多德很重視古希臘的都市國家希臘城邦。在希臘城邦的共同生活，以及從當中孕育的倫理，才是他思想的基礎。

在希臘城邦中，每個人都必須相互合作才能活下去。因此，如果行為規範的道德過度極端，沒有人會接受。也就是說，時代需要的是中庸，而不是極端非現實的價值觀或行為，意即中庸才是美德。至於什麼符合中庸當然不是隨手可得，而是必須在共同生活中互相討論、共同行動而產生。

後來由於亞歷山大大帝的遠征而使得希臘城邦解體，因而誕生追求新價值觀的希臘化時代哲學。具代表性的如（季蒂昂的）芝諾創始者的斯多噶學派、伊比鳩魯為創始者的伊比鳩魯學派。雖然立場不同，但他們同樣是追求尋找讓心靈平靜的幸福。

中世紀哲學

進入中世紀，基督教的幅員大為擴展。有關基督教的話題，是和西方人生意往來必要的知識。因此，希望各位能確實理解。

這個時代的哲學任務，重點放在基督教和哲學的融合。這個時期不妨記住聖奧古斯丁和多馬斯．阿奎那這兩位哲學家。聖奧古斯丁雖然屬於古羅馬時期的人，但是兩人常被放在一起比較，所以為了方便而放在一起說明。

聖奧古斯丁把柏拉圖的二元論世界觀（世界分為理想與現實的想法）援用到基督教的世界；多馬斯．阿奎那則是把亞里斯多德的目的論世界觀

（原本就存在於現實中的可能性，朝向目的而成長的想法）援用於基督教世界。

因此到了現代依然足以參考的，不是他們在宗教與哲學上的衝突，而是整合的部分。這是因為，當時相對於信仰神的宗教，哲學是探尋其他真理的學問。但是聖奧古斯丁等人，則說明宗教與哲學同樣是追求真理，抱著相同目的研究。

哲學像這樣以融入基督教的形式，總算在黑暗時期延續下來，到了訴求人性復興的文藝復興時期，終於可見復甦的徵兆。文藝復興（Renaissance）在法文中就是復興、再生的意思，就如人們常說的，目標不僅是古代文藝的復興，也是人性的復興。

文藝復興時期的思想特徵，一般指稱是人文主義（Humanism），就是基於這個理由。為了顯示人類是出色的，最佳做法就是提示人類具有無限的可能性。因而這個時期，精通各方面的全才，就會成為英雄，例如既是畫家又是建築師，同時也是自然科學家的李奧納多．達文西。

又或者主張自由意志才是賦予人類無限可能性的皮科．米蘭多拉，以及基於人類本質來闡述現實主義政治理論的馬基維利，都是文藝復興時期的代表思想家。這些文藝復興時期讚頌人類大放異彩，帶來近代哲學的百家爭鳴。

近代哲學

近代可以說是哲學的重頭戲。這是西方人最引以為傲的時代，我們當然有必要了解得更詳盡。

近代哲學的入口，首先是法國笛卡兒提出「我思，故我在」的名言，發現以「我」為意識中心的哲學，隨後不斷循序漸進發展。換個說法，就是主觀與客觀的分離。**這裡必須確立的前提，即所謂真理是我們意識所決定。**

這時候，由笛卡兒發端，探討「我」的意識從何而來的歐陸理性主義，以及由培根、洛克發端的英國經驗主義是對立的思維。相對於前者主張人與生俱有「天賦觀念」（innate idea），後者則加以否定，認為知識並非與生俱來，而是透過經驗。

之後可看出斯賓諾莎、萊布尼茲等哲學家對歐陸理性主義呈批判性而發展沿續，而英國經驗主義也是由柏克萊、休謨等哲學家沿續，形成近代哲學的兩大潮流。

把這樣的對立導向和解，建構出近代哲學金字塔的，是德國哲學家康德。康德主張應該以「現象」及「物自身」這兩個維度來認識事物。也就是主張人類能認識的世界及無法認識的世界。並且分類為時間及空間，然後以「範疇」（Category）來作為認識事物時的判斷標準。

從十八世紀末到十九世紀初，受到康德影響的德國哲學家，可說是人才輩出，形成以康德為首，信任人類理性的「德意志觀念論」一派。受康德深刻影響的費希特，以及後來的謝林、黑格爾等，說德國是近代哲學的核心也不為過。其中集大成的可說是黑格爾。

黑格爾認為運用不排除問題點而發展解決之道的辯證法理論，人類將能掌握最高層次的「絕對知識」。亦即主張人們透過經驗及學習，將可以達到無所不知的境界。

自我意識被笛卡兒賦予特權地位，到了黑格爾更昇華為萬能的理性。換句話說，中世紀以來人類受神支配的觀念，先獨立而出，然後具有完全主體性，進而能憑藉自身的力量自主地判斷事物。

達到頂點的哲學研究，之後從對於黑格爾的批判再次出發。其中有提倡社會主義的馬克思、自行開出另一條道路的意義而走向存在主義的齊克果，以及批判西歐近代社會依存基督教道德的尼采。他們都是在近代哲學史上拋出異議的哲學家。

現代思想

哲學就這樣進入現代思想階段。現代商務人士確實是以現在進行式奮戰不懈的時代。

簡單以一句話說明現代思想，即以「我」的意識為核心而超越近代哲學的活動。例如精神分析之父佛洛伊德證明潛意識存在的那一刻，「我」的意識之絕對性便受到了巨大的撼動，而後不斷產生新的觀點，開始重新審視近代哲學。

以李維史陀為代表，企圖把事物在結構中進行客觀分析的結構主義，可以說正是重新審視的典型。的確，真理並不是只決定於理性中，李維史陀證明了未開化民族「野性思維」的存在。

也就是說，乍看之下容易誤以為是未開化民族的風俗習慣，其實是極富邏輯又合理的手段，看似隨意就地取材做成的「隨創力」（Bricolage）物品，卻是出乎意外極為結實牢固的產品。**像這樣因為質疑理性結晶的近代文明絕對性，提出其他的真理。**

現代思想基於發生於近代之後這層意義，被稱為「後現代主義」（Postmodern）。相較於對直到近代的哲學，都傾向以「我」的意識為中心，在其中尋找絕對而正確的唯一答案，現代思想則認為答案未必要在其中探尋。相反的，還把這樣的傾向視為危險，主張放任不一致的存在，也就是對於差異置之不理。亦即真理能夠以複數並存。法國傅柯、德希達，以及德勒茲等，都可以說是後結構主義的先驅者。現代思想是法國的時代。

而且，和後現代主義雖然有些差異，就差異部分而言，重視他者存在的列維納斯，也不能忽視他的超越「我」的中心思想。**因為如果「我」並非絕對，就必然要注意他者的存在。**

除了列維納斯，二十世紀另一個綻放異彩的思想，則是存在主義。主張自己開創人生的存在主義，和把世界結構本身視為問題的結構主義，有對立的一面。比方說，主張「介入（參與）」，積極參與社會的法國沙特，以及探究存在意義的德國海德格。

現代思想另一個層面，我想介紹政治哲學與公共哲學。所謂政治哲學，是針對自由與社群的存在方式進行議論。具體來說，更加重視自由的自由至上主義和自由主義，以及相對之下重視社群的社群主義呈現對立。再加上以放眼全球來論述這個問題的世界主義也產生關聯性。這些思想因為是和近代國家成立共同誕生，因此可以說到了二十世紀終於真正形成理論。

自由至上主義（Libertarianism）是政治哲學用語，主張自由至上主義的人，則稱為自由至上主義者（Libertarian），一般指給個人自由及選擇最大尊重的個人主義立場，認為越自由就越正確。然而，就實際情況而言，範圍極廣，從連國家都不需要的立場，到認同某個程度仍需有國家維繫的立場等，有各種主張差異的自由至上主義者。

其中，在一九七〇年代，哈佛大學的哲學家諾齊克主張的「最小國家論」尤其備受矚目，可以說正是這個思想擴展的契機。所謂的最小國家，指的是主張即使不廢止國家，國家的權力也應當僅限於國防、裁判、維持治安。

也就是說，自由至上主義對政府抱著不信任感。另一方面，又對市場寄予極大的信賴。他們認為市場是一種出於主動交換為本質的道德制度。可以理解這個思想在個人主義的美國大受歡迎。

和這個思想很接近卻有差異的是「自由主義」（Liberalism）。中文雖然譯成自由主義，但為了避免誤解，直接使用原文 Liberalism 一詞逐漸增多。自由主義思想最早可以追溯到認為人類生來就擁有的生命、自由、財產等「自然權」，應該加以守護避免權力恣意行使的思想，這是古典自由主義，為十七世紀的洛克所主張。

這個思想後來在十九世紀彌爾提出《自由論》而沿續，彌爾把古典自由主義的內容，以「必須限制於不危害他人」的形式來表現，即所謂的「傷害原則」。本來自由主義是意味價值的中立性。簡單來說，就是主張必須加上不給別人添麻煩的限制。

原本實際上在現代社會中，自由主義揭示的不是單純表現中立價值，而是積極促進人們自由的思想。其背景有著資本主義的演進。在思想層面上，如何從貧富之差來拯救人們，也是它的課題。

現代自由主義的先驅約翰．羅爾斯所寫的《正義論》也是其中之一。也可以說這是福利國家型自由主義，或是平等主義之自由主義。主張不僅是自由，還必須顧及公正。類似這樣的自由主義，因應時代變化的形式，到了二十一世紀的現在也仍在持續演進當中。

與自由主義思想展開激烈爭論的，是社群主義思想。所謂社群主義即站在重視社群的立場，因此譯成社群主義。一九八〇年代前半，在重視個人權利的自由主義立場席捲的美國，批判這股風潮的一連串著作的發表是導火線。

其中站在最前哨的是哈佛大學的政治學家桑德爾。桑德爾在《自由主義與正義的局限》一書中，批判當時自由主義的代表巨擘羅爾斯。羅爾斯認為的個人，是從社群框架中解放的非現實「無負荷的自我」，他主張實際上的人，是更加因為與他者的關係而被束縛住的「受狀況限制的自我」。

原本羅爾斯就認為在複雜的現代社會中，要找出「共善」很困難，因此主張做對的事比行善更優先，也就是訴求正確程續的優先。相對之下，桑德爾反而堅持應摸索找出共善。正因為任何人都會受到與他者關係的束縛，在社群中應當有共通的「善」。

不僅桑德爾，這個時期還有麥金泰爾的《德性之後》、沃爾澤的《正義諸領域：多元主義與平等之辯護》、泰勒的《哲學論文集》、愛茲安尼的《下一刻》等，都同樣主張基於社群上的共善，帶領社群主義的議論。

當然，他們的思想彼此仍有些微差異，並不能一概而論。甚至他們自己也不認同被歸類為社群主義。不過，就以某個形式，致力於地域、學校或職場等，實踐地方社群的共善這一點來看，一般都認為這就是社群主義的共通思想。

只不過，目前與社群主義呈對照的，與其說是自由主義，不如說是世界主義（cosmopolitanism）的思想，有時也譯作世界公民主義。這是以跨越國界的世界整體，站在掌握人類居住共通場所的立場。主張世界主義的人們，稱為世界主義者。

這個思想的主張，和社群主義相反，不是以國家等社群為單位，而是就個人為單位思考正義或幸福實現的可能性。也就是說，**以世界規模來考量，不再是對於一國的正義或某個社群的幸福問題**。更重要的，是要問對於一個人而言，什麼才是正義，或什麼才是幸福。

這樣的思維是從古希臘時期就有的，一如我前面說明的，尤其是亞歷山大大帝建立帝國以來，都市國家希臘城邦解體後，更給人真實感。尤其對於認為一切存在都是基於理性控制的斯多噶派而言，國家的框架本來就不重要，因此會認為世界主義才是符合人類理性。

中世紀及近代以後，世界主義被定位在為了樹立和平而生的思想。著有《永久和平論》的康德啟蒙主義也可以說是其中之一。

現代為了實踐解決貧困問題等全球性的正義之政治思想，因而出現不是以國家為單位，而是以個人為主體才正確的全球自由主義。

接下來介紹幾個歸類在公共哲學的哲學論點。首先是揭示「溝通行動理論」之邏輯論點的先驅——德國哲學家哈伯馬斯。相對於把人類視作工具的「工具理性」，哈伯馬斯主張的是「溝通理性」。

接著是訴求溝通場所的公共領域之意義。在《公共領域的結構轉型》中，他陳述了公民相互討論的「市民公共性」之歷史意義；在《事實與效力》中，顯示他重視NPO及公民集會等現代協會擔起的「自律公共領域」活動。根據哈伯馬斯的思想依據，當事人是否確實討論成為對象的事物，是正確性的標準。

有關公共領域，提供哈伯馬斯啟示的，是逃亡到美國的猶太女性現代思想家鄂蘭。鄂蘭從納粹極權主義犧牲者的經驗，強烈批判「我」和「他者」的區別消失的世界。並且主張承認不同觀點的存在，也就是複數意見的重要性。

同時，她也論述積極提出意見的重要性。染成均一色彩的極權主義，就是任何人都對公共事務漠不關心的大眾社會翻面形成的結果。實際上，鄂蘭提出應該像古希臘時期的希臘城邦，有讓複數意見的市民自由展開言論活動的空間才是理想。

她在《人的條件》中，把人類活動分為勞動（labour）、工作（work）、行動（action）三個種類。可以看出她尤其重視意味政治活動的第三個活動——「行動」。其中沒有絕對的正確性，只要有複數的人類所在的地方，就必定有多重的正確性。然而，如果人類活動全部投入在勞動或工作上，就不會從事政治活動。在不知不覺間，將變成只仰賴單一的正確性。這完全就是符合二十一世紀的現代日本社會，可以說是一座警鐘。

最後我想介紹這十年間迅速抬頭的現代思想最新狀況，也就是所謂的後結構主義以後的思想，這被稱為思辨的回轉。

具體來說，包括法國哲學家甘丹・梅亞蘇在他的著作《有限性之後》揭示的思辨實在論、美國哲學家格雷厄姆・哈曼的「物件導向存有學（Object-Oriented Ontology，或者稱 O.O.O.）」，以及包含總稱新唯物論等立場。這些思想的共通點，都是批判以人類中心思考事物存在的相關主義，或者可以說，是企圖肯定去除主體的物自體世界吧！

與這股潮流交錯的同時，另有一股新潮流興起，那就是被譽為天才的德國青年哲學家馬庫斯・加布里埃爾主導的新實在論。原本新實在論就是在認同主體意義的同時，探索不是只有依據主體的新哲學嘗試。就這一點來看，和思辨實在論的基本思想有所差異。但不論如何，哲學因應ＡＩ等科技的進步，也應該與時俱進。

小結

我們都有在時間之流中為事物定位的習慣。一開始先探討哲學史就是基於這個因素。雖然只是大致回顧兩千數百年的知識歷史，請你務必把重要人物、用語、哲學經典等知識填入這段時空的地圖裡。

工具
2

思考

能運用於商場的「思考法」

「相對主義」思考法

工具二的單元，我想介紹能在商場派得上用場的哲學思考法。究竟什麼樣的思考法能怎麼運用？不妨在閱讀之際，邊想想看和自己相關的實際工作場景。

有關商場上能運用的思考，我想先介紹普羅塔哥拉斯的相對主義。普羅塔哥拉斯在古希臘被稱為「美德教師」的詭辯家泰斗。他們在市街上教導青年辯論術。詭辯家的問題，在於過度重視對方，以致忽略了真理的探求。因此哲學之父蘇格拉底挑起議論，他們熱烈議論的狀況，都詳盡記載於柏拉圖的《普羅塔哥拉斯》當中。

普羅塔哥拉斯最為人所知的名言，應當是「人是萬物的尺度」。**也就是主張人的感覺是衡量一切事物的標準**。事物的存在，和人類對事物的知覺認識有深切的關係。這麼一來，若是偏離人的感覺來討論事物的存在就沒有意義。事物都是由認識它的人賦予不同的意義。

—在商務思考上的運用—

普羅塔哥拉斯的相對主義重點，在於從乍看完全相反的事物中改變觀點，找出共通點，根據這樣的做法讓差異相對化。這個部分可以說是相對主義的本質。

因此，不妨以商場上的成功及失敗套用看看吧！乍看之下一般人都會認為兩者完全相反，然而，什麼才是成功什麼才是失敗，並不是取決於單一的定義。過去認為失敗的事情，從長遠的目光來看，也有可能帶來成功。

所以，對於某個狀況感覺成功或失敗，是意識的問題，並非絕對的失敗。以相對主義的模式來思考，掌握正面思考就對了。相反的，也沒有絕對的成功。所以，重要的是持續不斷努力。

「理型」思考法

古希臘哲學家柏拉圖承襲恩師蘇格拉底的崇高理想，提出永恆不變的理想概念——「理型」（Ideas）。因此他認為相對於現實世界，還有完美世界的「理型界」。

所謂的理型，是只存在於理型界的事物本質。因此對我們而言，無法以肉眼看到理型。只有透過靈魂的心眼才能洞察。另一方面，我們平時眼睛所看到的，只不過是理型的投影，換句話說，都只是仿冒品。

平時我們所看到的事物是感覺的、不完整、而且隨時間的逝去而消滅。然而，理型則是非感覺、完整、永恆不滅的，所以理型是永遠的理想狀態。

那麼，該怎麼做才能時常看見理型呢？柏拉圖認為，必須經常去回憶（Anamnesis），也就是要經常想起。換言之，理型只有透過內心的回想才能看得見。

—在商務思考上的運用—

柏拉圖的理型說用來作為思考法的運用，可以歸納出如下的重點。**首先是作為大前提，肉眼目睹的事物都只能視作仿冒品，我們應該回想事物的本質，好好地用腦思考。**

柏拉圖使用一個很有意思的例子「洞穴比喻」來說明。他說在洞窟中面壁而坐的人，對於發生在背後的事情，看到的只是投影。所以即使給他看的是畫出來的猛獸投影，他也會以為真的是猛獸而心生恐懼。

如果想去除這樣的恐懼，只能把思維完全轉換一個方向，那就是用腦袋仔細思考。比方說想一想如果是猛獸未免太安靜了，或是應該不會出現在這個地方等思考。換個角度進一步思考，才能看到真正的本質。在商場上，也有必要時時閉上眼睛，仔細想想看究竟什麼才是真正的本質。

「無知之幕」思考法

無知之幕是美國政治學家約翰・羅爾斯在他的代表作《正義論》中提到的概念。羅爾斯企圖透過公平分配來實現正義。他認為方法是進行差距的修正。

因此他提出無知之幕的思考實驗。如果罩上資訊完全被阻斷的無知之幕，就可以打造出每個人都同樣處於合理、相同狀態的處境。

也就是說，當每個人都籠罩在忘了自身個別資訊的無知之幕下，才能冷靜而客觀地了解他人困窘的狀況，如果無法設身處地為他人設想，就無法判斷真正的正義。但是，這必須先把自己的事情擱到一邊。

羅爾斯把這個狀態稱為原初狀態。在原初狀態下才能建立起判斷正義的基礎。一言以蔽之，讓境遇最糟的人獲得利益的行為，才是正義的實現。

——在商務思考上的運用——

無知之幕可以作為對事物懷疑的工具來運用。**把自己的腦袋還原到初始狀態，思考眼前展開的現象其中有無謬誤。**阻斷自己的個別資訊，就是還原腦袋的初始化。

人類總是習慣先思考自己的事情，而且還會過度重視。這雖然可以說是一種自我防衛本能，但並不代表一定正確。因此，先暫時去除這個部分，才能以客觀的角度來判斷事物，可以說是巧妙地運用「無知之幕」的思維。

商場上時常需要客觀地掌握狀況，在這樣的情況下，豈不是很適合使用無知之幕的思考方式？

「唯名論」思考法

所有事物廣泛共通的性質稱為共相；和其他事物相異的性質稱為殊相。在哲學世界中，針對共相及殊相這兩個概念而得出的理論就是唯名論。有關共相與殊相的關係，在中世紀歐洲時期，曾有過「共相問題的爭論」。

這個爭論是關於「到底是先有共相存在，還是始終都有個別事物，而共相只是用來指稱其共通性質」。前者稱為實在論或唯實論；後者稱為唯名論。

比方說球和蘋果，原本就共通的特質是什麼？那就是「圓形」的特質。這時候雖然可以說圓形是共相，但究竟是先有圓形的性質存在，或者是必須先把球和蘋果等個別事物排列比較，才能發現圓形的特質。

有關這個爭論，中世紀的哲學家奧坎，從唯名論的立場，主張從形形色色的事物中，具有個別性的共相存在之想法是邏輯矛盾。不論球或蘋果，都有著「圓形」概念，殊相可以說是把共相切割得支離破碎後產生的零件。因此所謂的共相，只不過是表現個別事物性質的名稱。

—在商務思考上的運用—

根據唯名論的思想，世上並未獨立存在所謂的共相，無論如何都只是個別事物。的確，我們或許很容易誤以為應該存在著共相。全部是圓形，所以認為應該存在著「圓形」的共相。但是像奧坎說的，即使球和蘋果共通的性質是圓形，那也只不過是意指球是圓的，而蘋果也是圓的。所謂圓形，無論如何都是個別的性質。**但是，個別的事物存在著某種共通要素是事實。這種情況下的共通名字，就稱為「共相」。**

「範疇」思考法

通常「Category」譯成「範疇」，用來表示分類事物的標準。人類具有能把進入腦中的資訊，瞬間區分種類，階層化的能力。因此可以選出本質的內容。

德國哲學家伊曼努爾．康德的「認識論範疇」概念，清楚說明人類這樣的思考結構。康德提出人類認識對象，先分為「量」、「質」、「關係」、「樣態」這四大範疇，這四大類下則各有三個副範疇，因此總計有十二個範疇。

康德認為可以透過定位於範疇分類以認識事物，在「量」的分類下，有單一性、多數性、全體性；在「質」的分類下，有實在性、虛無性、限制性；在「關係」分類下，有實體性、原因性、交互性；在「樣態」分類下，有可能性、存在性及必然性等各個範疇。

這個分類的大前提，是時間和空間的概念。根據康德的想法，時間與空間是人類認識事物的量尺。沒有這把量尺，就無法在腦中整理事物，就這層意義而言，時間與空間是認識一切事物的前提條件。

—在商務思考上的運用—

這裡的重點，首先是只要套用時間與空間軸，就能確切釐清事物這一點。任何事物只要釐清時間與空間，多半就能合情合理。原本康德把時間與空間視作認識事物的大前提還有另一項原因。那就是時間與空間，是我們與生俱來的概念。即使沒有透過向他人學習，任何人總有一天會具有時間及空間的概念。當然，如何看懂時鐘，或是長度的測量等必須學習，但這只不過是就技術層面而言。也就是說，時間、空間的感覺是世界共通的。因此，不論是價值觀有多大對立的全球性商務，只要以時間、場所的概念作為共通事項，或許就能突破缺口。

「結構主義」思考法

法國人類文化學家克勞德・李維史陀，在研究未開化民族之際，注意到交表聯姻習俗。所謂的「交表」，指的是雙親各自的兄弟姊妹關係中，性別不同的表（堂）兄弟姊妹。也就是指「母系兄弟姊妹的小孩」或「父系兄弟姊妹的小孩」。當時可以看到未開化民族中，讓男性與母系表姊妹結婚的習俗，這就是交表聯姻。

這樣的習俗確實會令人認為是未開化社會才有的現象，然而，李維史陀觀察這個體系的整體結構後發現，對於父系家族的男子而言，母系的表姊妹屬於其他的家族集團，因此，只要讓相當於這層關係下的男女結婚，不同家族集團就可以經常進行成員交換，讓部落得以維持存續下去。

也就是說，原本被視作未開化的習俗，如果放眼整體結構，卻能意外發現是一套先進的體制，這樣的觀點稱為結構主義。李維史陀站在結構主義的觀點，批判以過去偏頗的歐美中心主義。

—在商務思考上的運用—

由此可見，所謂的結構主義，可以說是批判「見樹不見林」的思維。**藉由放眼整體來發現只注重局部時所看不見的本質。這就是結構主義的重點。**可以說正好適合極為複雜的現代社會思考法。

因此，必須發現其中的規律性。如果只注目於其中一部分，就無法發現規律性。只有在放眼整體的情況下，模式才會浮現。如何發現其中的規律極其重要。

首先有必要確實記錄現象。毫無遺漏地記錄發生的任何狀況，即使乍看之下毫不相關的事物。在商場上，也是必須綜觀整體才能打開你的眼界。

「上下層建築」思考法

德國經濟、哲學家卡爾・馬克思，跨越資本主義的矛盾，提倡透過革命，建構平等社會。也就是所謂社會主義思想。根據馬克思的想法，社會主義的到來是人類無法避免的歷史。這是基於唯物史觀或者說歷史唯物論此一馬克思獨特的歷史觀。

首先，馬克思認為人類的思想、法律、政治制度這些「上層建築」，是透過生產手段、生產活動等「下層建築」所決定。**也就是說，經濟活動是地基，據以決定一切的社會制度內容。**這與過去的哲學家認為思想及觀念決定經濟模式的主張完全相反。

當生產力提升而不再適用於生產關係時，這樣的矛盾形成原動力，推動歷史朝下一個階段演進，這就是唯物史觀。具體來說，就是從原始共產制度到奴隸制度、封建制度、資本主義、社會主義、共產主義。充滿矛盾的資本主義就這樣被革命推翻，不得不轉變為因應生產力的社會。

在商務思考上的運用

馬克思所提出的上層建築及下層建築思維，可以超越社會主義的脈絡而廣泛運用。也就是說不限於經濟層面，而是能把一切事物都以上下層建築來分析，思考要運用什麼樣的力量來推動事物。

社會上所發生的現象，通常都有它的背景。我們可以把背景視為下層建築，而這個情況下的上層建築，就是當然現象。以這個方式來理解事物的發生，優點是能透過背景去理解現象。

如果只是把現象視作表面的現象，就無法看清事物的本質。其實背景才是最重要的。當我們把目光放到背景上，有時就能理解其他現象也是基於相同背景而衍生。

在商場上，看清楚事物的背景是一件很重要的事。比方說商品不會是無緣無故地暢銷，背後一定有某個因素。

「權力論」思考法

法國現代思想家米歇爾・傅柯，分析一貫的權力結構而持續加以批判。根據傅柯的看法，權力尤其可怕的一點，是人們企圖圍堵對自己不方便的事物。因此，被視為非理性而遭到社會排除的人，其實多數並不是真的非理性。只不過是純粹被視作對於近代社會運作不方便，因而被排除淘汰罷了。

比方說近代以前，被視作異於一般人的瘋狂，是指那些說出超越人類智慧所能理解的真理，他們被視作天才而崇拜。但是到了近代，當合理性成了社會的標準，與多數人不同就是瘋狂，被視作需要「監禁」的對象。權力就像這樣，為了守護自身的地位，任意地自行其事。有時我們原本以為會守護我們的，掌權者為了維護權力，可能中途便犧牲我們。

——在商務思考上的運用——

所謂的權力，只是為了自己方便而訂定的制度。當權力在手，為了維持擁有的權力，就會不擇手段。所以認為理所當然的制度或規定，也有必要加以懷疑，因為制度就是為了權力方便而制定。

如果認為是為了被支配的我們而設想，那就大錯特錯了。因為真正對被支配者有利的話，就會對支配者不利。

像這樣洞悉事物背後的權力關係，就能清楚看穿事物的機關。這時候，有必要著眼於「看不見的權力」，一切社會制度都可以說是看不見的權力衍生的產物。不論多麼好的制度都有它的另一面。**不是去看對自己有利的一面，而是把目光朝向對掌權方有利的一面，這才能看見背後的真相。**這也適用於利害關係錯綜複雜的商場。商場的背景也有其權力關係，能徹底看穿的話，絕對保證對你更有利。

「超人思想」思考法

德國哲學家弗里德里希．尼采說過，人生只不過是永無止境地重複同樣的事。他稱為「永劫回歸」。就算轉世重生，也只會永遠反覆相同的事。

雖然這是極大的痛苦，但尼采主張只有接受這樣的事實，才能堅強地活下去。**人生並非任何事都能合情合理、都能以理智想清楚，因此只能連不合理的事物也合併接納**，亦即全面肯定生命。因此能不能堅強地活下去，就要在先理解上面說的永劫回歸以後，還能夠有幹勁地告訴自己「好！再試一次！」。

尼采把能夠接納這個永劫回歸概念的人稱為「超人」。能夠接受永劫回歸程度的痛苦，就是超出一般人的能力。相反的，若是能成為超人，痛苦也就能消除了。

—在商務思考上的運用—

能夠接納痛苦，是超人思想的重點。因為有抗拒所以會覺得痛苦。因為有痛覺，才會有痛苦；痛苦對於不曾感受過痛的人毫無意義。也就是說，超人思想是透過接納來消除煩惱的偉大思考。而且只要憑藉自身的想法就有辦法做得到。

如果必須依賴他人的協助，就無法那麼輕易達成。但只要自己能夠咬緊牙關承受，因而解決問題，你不覺得是件很了不起的事嗎？

但是，實際上能發揮這個力量的人，卻是極少數，其中的差異就在有沒有辦法把「好，再試一次」說出口。商場上也是相同的，堆積如山的工作、遇到瓶頸、連連出錯……，在令人忍不住想逃之夭夭的情況下，只要說句「好，再試一次！」就會不可思議地湧現覺得可以順利以赴的心情。

「源始時間」思考法

現代德國哲學家馬丁・海德格，探究存在方式的必要性，其中息息相關的是時間的概念。海德格把時間區分為源始時間、世界時間及當下時間。平時我們活在以「現在」為起點，有日期的通俗時間，這就是「世界時間」。「當下時間」則不是這麼具體的時間，只是純粹表現「時間」的抽象概念。

相對於這兩種時間，源始時間的特質有點不一樣，當人們察覺死亡的生命局限時，才開始對時間產生自覺，體會到生命無可取代的珍貴，然後才轉而凝視未來，積極地活下去。能夠像這樣理解時間時，海德格稱為「源始時間」。

—在商務思考上的運用—

海德格要說的是：只有在察覺生命有限之後，人們才能真正積極地生存下去。換句話說，當我們發現人生的截止期限，才能終於體會時間的重要性，全力以赴地努力活下去。

為什麼會有這樣的思考呢？因為他把時間視作對象來思考。雖然任何人每天都擁有二十四小時，但是有人能充分運用，有人卻白白浪費。有些人把二十四小時當作兩倍四十八小時，甚至當作三倍七十二小時來運用；有些人卻把這二十四小時縮減到不到幾個小時可用。這個差距，可以說正是對於時間的思考方式不同而來。

時間並不是和我們的意識毫不相關地流動，因此，隨著我們想法的不同，能自在地操控時間。在商場上時間是制約條件，也是最寶貴的武器。究竟只是單純把它當作制約條件被截止期限追著跑，還是比別人更有效地提升數倍的成果，完全掌握在我們對時間的看法。

「強度」思考法

所謂的「強度」，是法國現代思想家吉爾．德勒茲提出的哲學概念。相對於意味「質」的差異之「種類」概念，德勒茲所指的強度則是指「量」的差異。德勒茲並且把強度以「差異」、「深度」，或者是「內含量」來表現。

但是，雖說是「量」，卻有別於長度等以空間延展為基礎的外延量。外延量性質不會改變，卻可能無限分割；但強度則是像溫度、速度般，無法產生空間延展的量。

這種情況下，增加或減少來改變量時，性質本身會發生改變。比方說把熱水加到冷水裡面，就會變成和原本不同的溫水。因此，可以說量的差異才是差異的本質。所謂的強度，就是衡量這個差異的標準，並且給予事物差異肯定評價的概念。而且，由於德勒茲的思想整體是創造性的，強度也可說是為了創造而產生的能量。

—在商務思考上的運用—

雖說同樣的東西量多即意味具有強度，不過把這個強度以尺度衡量用來思考事物，也可作為充分思考的工具。

只不過，如同前面說過的，德勒茲所說的強度是極為創造性的概念，因此並不是純粹量多就好，而是必須著眼於讓量多成為能量，創造出事物這一面。比方說在藝術方面的衝擊度，這時候的強度，指的是對於藝術這類創造行為的貢獻。不，或許應當反過來說，在藝術方面帶來的衝擊度，是具有強度的創造性能量。

這不僅限於藝術領域，**具有強度的創造性能量的領域都能發揮運用。**尤其是在商場上，可以說生產的領域或表現行為也很容易發揮。當製造什麼東西時，務必試著從強度的觀點來檢視看看。

「身體論」思考法

法國現代哲學家莫里斯．梅洛龐蒂，是首次提出以「身體」為哲學主題的人物，也就是以身體為對象物作為感知的媒介。我們觀看、接觸事物而有感知，就是因為透過身體的關係。反過來說，身體才能感知我們的世界，然後塑造出心靈。這麼一來，身體就不是單純的機械，而可能是連結世界與我們的唯一手段。

這時候，人們認識存在於世界上各種事物的差異，就必須以身體為媒介。對自己而言的身體，超過單純只是自己身體的意義，而是重新被定義成世界和自己連結的媒介物。

這樣的身體，可以說是我們與他人共鳴所需的共通介面「肉」，也可以推測世界是由某種皆為一體的事物構成，都是相連在一起的。這裡的「皆為一體」，就是指「肉」。可以說世界的一切，都不過是以不同的形式表現出的同一事物罷了。

—在商務思考上的運用—

身體是自己的意識和外面的世界連結的共通介面，就是梅洛龐蒂身體論的重點。這個想法和我們平時認為先有意識，然後以意識控制身體的想法完全相反。根據梅洛龐蒂的身體論，反而是身體感知外界，然後才傳達給意識的這個概念就很重要。因此，意識是由身體形塑而成。能夠像這樣一百八十度翻轉想法，應該就能看見事物截然不同的一面。

我們總以為是以腦袋思考，讓身體動作。但其實不是，是活動身體然後傳達至腦部，換個想法，更加以身體為主來思考吧！在商場上，以身體為主思考的企劃或商品，常會被排除在以頭腦為主所思考的企劃或商品之外。藉著重新檢視這個想法，或許能夠想出有別於以往，異想天開的創意。

「語言遊戲」思考法

奧地利出生的哲學家路德維希・維根斯坦認為，我們在日常生活中，形同在進行交換語言，解釋意義的遊戲。他稱之為「語言遊戲」。語言遊戲的規則，是依據生活中的場所或狀況而決定。

有時候我們會使用只有同伴間才能理解的語言，在某些狀況下也可能有自己才有的規則。但是，如果使用只有自己才懂的規則來發言，他人就無法理解。所謂的規則，無論如何都必須是在那個場合下的人們共同理解的規則才行。

麻煩的是，這樣的規則並不一定顯而易見，所以我們需要洞察力。交換著什麼樣的言語、需要什麼樣的言語，都需要去察覺。

在商務思考上的運用

語言遊戲的重點，在於以言語為脈絡的規則上，必須掌握互動性。一面正確掌握脈絡，一面拋出適切的言語，有來有往才是適切的溝通，可以說是有關言語的思考法。因此，脈絡能夠掌握到什麼程度可以說是一切。

即使相同的言語，一個脈絡不同，意義就可能完全改變，能否意識到這個部分去思考是重要關鍵。而要鍛鍊這個部分，首先要知道更多的脈絡知識，因為若是不知道就無法察覺。在商場上，尤其是會議或談判場合，需要抱著這樣的態度，一定要敏銳觀察周圍的狀況、加入話題者的情況。現在處於什麼樣的狀況？參與者是什麼樣的人？

當然，有時事先並沒有資訊，所以談話中必須察覺。因此，重要的是不能只顧著發表意見，也要確實傾聽對方說話的內容、觀察對方的表情。

「他者論」思考法

伊曼紐爾・列維納斯是出生於立陶宛的猶太籍哲學家，後來歸化於法國。從被關在猶太人集中營度過的經驗，著眼於人類每一個人的個性及尊嚴的研究。只不過，列維納斯對於西方哲學中脈脈相傳的以「我」為中心的思想加以批判。

為什麼以我為中心的思想會有問題呢？那是因為把他人同化的緣故。當我們以自我為中心思考時，往往以為別人也和我們抱著相同的思維。假設發現並非如此時，就會企圖努力希望對方和我們抱著相同思考。比方說設法說服或甚至強迫對方，而這樣就會衍生問題。

所謂的人類，就是每個人都有不同的個性、有差異的存在，可以說具有無限的可能，無限差異的存在。事實上，也可以說是多虧有他者，才有我們的存在。因此世上需要他者。

—在商務思考上的運用—

藉由尊重和「我」不同的存在之他者，「我」才能被尊重，這是列維納斯他者論的重點。

這個思維除了是繼笛卡兒以來，向以「我」為中心的哲學史拋出異議的同時，也給予現實社會極大的衝擊。話雖這麼說，不僅自己，他者也同時進入視野之內的思考並不容易。比方說，當自己陷入痛苦時，是否能想到別人也同樣在受苦呢？但是，這才是他者中心的思考。如果任何人都能抱著這樣的想法，相信應該幾乎能解決這世上的所有問題。

商場基本上都是思考「自己」（自家公司）如何獲利。但是，如果逆向思考以他者為中心來思考看看，這麼做想必能在更廣的觀點來擴展商務。不，或許甚至可能對人類更有貢獻。你不覺得很有一試的價值嗎？

「溝通理性」思考法

尤爾根．哈伯馬斯是德國現代哲學家，現在仍然十分活躍，他向來重視開放性的討論。近代以前的哲學或思想，都在追求人類理性美好的一面。為了達到人類社會有所發展的目的，而運用這樣的理性。這種情況的理性，只是為了實現目的的工具，也就是「工具理性」。

然而，這樣的態度導致失敗也是事實。兩次世界大戰、猶太人大屠殺、貧困……，應當是美好的理性，為什麼會導致這些愚蠢的結果呢？

這是因為理性淪落為達到目的之工具，因此，在現代社會，我們有必要重新檢視理性的思維。這個論點就是哈伯馬斯提出的「溝通理性」。也就是說，並非為了說服對方而使用理性，而是徹底抱著開放的態度聆聽對方說什麼，尋求共同做出某個成果的態度。

—在商務思考上的運用—

哈伯馬斯思想的重點，在於對於談話對象抱著開放態度仔細聆聽，以達到彼此認同的部分，這才是為了溝通的理性。在價值觀多樣化，而形成相互衝突的混沌時代，需要有像這樣的開放溝通。**有多少不同的價值觀，就伴隨出多少不同的意見，如何從當中形成彼此都能同意的共識？**如果只是因為聲音大就要別人聽從自己的意見，會產生什麼結果呢？想必會出現勉強的行為不是嗎？

我認為在商場上也是相同的道理。正因為有許多不同意見，所以強硬地做出結論，反而會招來不滿。正因為有大量不同意見，更有必要重視看法的差異，仔細彙整意見，在歸納整合意見的同時，尋求彼此是否認同，才能說是成功的溝通，不是嗎？

「主體化」思考法

斯拉沃熱・齊澤克是出生於原為南斯拉夫社會主義聯邦共和國的斯洛維尼亞現代思想家。「主體」是他主要的思想主題。齊澤克把世界以三種概念分類——「想像界」、「象徵界」、「實在界」，以他獨特的思想加以說明。所謂的「想像界」是我們以自己確認自我的世界；所謂的「象徵界」，是我們透過語言的方式賦予意義的現實世界；相對的，所謂「實在界」，則是真實的現實世界。

齊澤克認為主體中心有「我」，但是這個「我」的內容則是空洞的，因為主體原本就空無一物。而這個空洞的部分，形成了「象徵界」，正是這個形成主體化。也就是說，象徵秩序的世界意義，因為深埋入空洞的主體，主體因而被產生。換句話說，「實在界」截取真實的現實，創造出「象徵界」。這樣的運作才是主體化，透過這樣的方式完成的意義集合，才應該被稱為主體。

—在商務思考上的運用—

齊澤克的思想重點，在於截取真實的現實，把意義主體化這一點。**換句話說，把客觀世界透過主體化而加以截取，就形成了主觀。**

我們透過這樣的主體化，才開始有了自己的意見。我們的生活周遭充滿許多資訊，因此若是沒有仔細思考，就無法了解什麼才真的正確。很容易動不動就被資訊牽著鼻子走，或是不假思索囫圇吞棗，有時便因此而上當受騙。為了避免產生這樣的狀況，需要追求主體化。

正確理解評估媒體的能力稱為媒體素養（media literacy），主體化和這個意思很接近。電視、網路播放的似是而非的資訊，必須具有能思考背景，自主分析的能力。在掌握資訊成為關鍵的商場，更需要主體化的能力。

「無知之知」思考法

蘇格拉底是古希臘哲學家，他被稱為哲學之父。當時他發現有些被稱為智者（詭辯家）的人，其實只是佯裝無所不知，實際上和自己並沒什麼不同……不，至少自己還有自覺，明白自己一無所知，所以比他們更優秀。因為不懂裝懂，就錯過學到更多的機會了。

相反的，承認自己的無知，再更進一步求知，就有機會增加知識，變得更加有智慧，通往真理的大門就會為你敞開。這就是有名的「無知之知」。這就如同俗話說的，「問是一時之恥；不問是一生之恥。」蘇格拉底因此而不斷地提問，而且要直到從對方口中聽到可以接受的答案，才停止發問，這正是哲學的起點。

說起來哲學一詞的英文「philosophy」，就是基於古希臘文的「philos」（愛）與「Sophia」（智慧），因此，熱愛且持續求取智慧，才是哲學原本的意義。

——在商務思考上的運用——

蘇格拉底「無知之知」的重點，在於藉著不要佯裝知道，增加邂逅新知識的機會。因此必須像兒童般坦白直率。成人很容易對於任何事都認為理所當然，所以甚至不會再提問。但是，其實並不是真的知道答案，所以突然被小孩子提出單純的問題時，往往瞠目結舌，不知如何回答。

小孩子在幼兒期會一下子成長飛快。只不過短短幾年間，就從一無所知的狀態，開始對世界抱著疑問。成人即使花了好幾年努力用功，也不會有這麼劇烈的改變。當然，從零開始吸收知識，和到了某個年齡開始學習的確有很大的差異。但是，我認為最主要是因為學習態度的不同。

商務雖然是成人的運作，但反而**抱著謙虛的態度，站在有如小孩般的思維什麼都加以吸收，一定能獲得更多知識。**

「辯證法」思考法

有近代哲學完成者之稱的德國哲學家黑格爾，從意識到歷史的廣泛領域展開思考，建構了獨特的體系。黑格爾的廣泛思想若要以一句話來表達，「發展」一詞應該很恰當。

成為他邏輯學基礎的，可以說正是說明事物發展樣態的「辯證法」。黑格爾的辯證法，是在問題發生之際，克服問題並到達一個更高層次的思考方法。藉由辯證法把乍看互不相容的對立問題，不是割捨某一方，而是兼容並蓄地找出最佳解決之道。

—在商務思考上的運用—

黑格爾的辯證法，重點在於接納相反的事物，讓它發展得更完美。可以說不論發生任何問題，都把負向變成正向的一種思考。因為辯證法是正向的思考。

原本任何事項就不可能完美毫無問題。能夠沒有任何問題的一帆風順進展，只有神才辦得到。只要是人為的事，就必定會伴隨問題的發生。因此，有必要羅織辯證法的思維。每當出現問題就徬徨猶豫只是浪費時間，有人把解決問題稱為危機管理，但我認為可以採取更積極的詮釋。

也就是說，我認為不妨經常把問題視作轉機，或者可以說，為了進展而發生的能量，辯證法思考正是這樣的思維。既然問題是發展的契機，人也是相同的道理。發生了什麼樣的問題時，只要能跨越，就會變得更堅強。不過，這當然是要跨越得過去才行，因此，只要能跨越得過去就行了，而方法就是辯證法。

商場上總是會伴隨問題，這時候絕對不要輕易放棄。請務必努力找出利益或優點，不論是多麼負面的事物，應該都有能夠轉向正面的方法。

「否定辯證法」思考法

德國哲學家狄奧多・阿多諾主張否定辯證法，也就是讓差異直接以差異存留下來的思想。從名稱來看，就知道是否定黑格爾辯證法的思考。換句話說，辯證法是跨越矛盾，理出一個頭緒的邏輯，而否定辯證法則是拒絕這樣的做法。

阿多諾的思想主軸是「非同一性」的概念。簡單講就是差異，他藉由反省過去的哲學思考，嘗試從同一性轉換為非同一性。

就他的解讀，以辯證法為前提的認識及思考，就是把眼前的對象與腦中描繪的概念同一化，思考行為等於同一化的行為。這麼做並不恰當的原因，是因為一旦同一化，就是把異質且多樣的其他事物，恣意變形成自己想要的型態，這很容易導致把概念強行加諸於對象，甚至形成一種暴力。

——在商務思考上的運用——

否定辯證法的重點，不在於同一化事物，而是直接讓差異以差異的型態發揮運用，**靈活運用差異的思考，對於維持多樣性能產生極大助益。**

人們都有企圖將事物同一化的特質或傾向，或許那是因為人類本身就是根源於群體動物的緣故。

因此，當保留多樣化的狀態，或是讓各自分散的狀態維持原樣，可能莫名地令人覺得不自在。但是，這很可能反而能夠衍生嶄新的思維。比方說，在多民族國家必然著重差異化的環境，相較之下，日本就缺乏這樣的氛圍。因此，日本人在思考商務時，應該著眼於差異，注意是否會發生什麼有趣的事，絕不是只追求同一化，在保留各種可能性的狀態下，加以靈活運用應該也是可行的。

「工具主義」思考法

美國哲學家約翰．杜威從 Pragmatism 的觀點，把知識視為工具來詮釋，一般譯為實用主義。

從美國開始發展出的實踐性思想之實用主義，透過杜威而完成。杜威致力於將哲學從艱澀難解的專門化討論中解放出來，他主張哲學應當成為我們日常經驗的對象，豐富我們的生活才是哲學的目的。也就是說，並不是思想、知識本身有其目的或價值，而是人類為了適應環境所必要的手段，杜威這樣的思想被稱作工具主義。

依照工具主義的思想，知識是否對人類行動有益，一定要從生活經驗中驗證，驗證結果若是沒有幫助的知識，就必須修正。如此一來，工具主義是為了推進生活經驗的東西，因應生活變化而不斷變化其內容。

—在商務思考上的運用—

杜威主張的工具主義，並不是單純把知識視作裝飾品，而是為了實現目的作為工具來應用。把知識視作工具，對於知識就會產生彈性。**知識並不是絕對的標準答案，而只是為了產生答案的工具，所以容許在嘗試錯誤中修正，而這樣的過程將會誕生新的創造力**，所以工具主義的思考是創造性的運作。

當然純粹享受知識的樂趣也不是不行，但其實即使如此，我們仍是把知識當作工具來使用，也就是享受人生的工具。把知識當作工具，或許有人會覺得語意有點不恰當，但其實沒有任何不對，原本知識就是工具，重要的是如何運用這個工具。在商場上知識更是工具，就像實用主義發源地的美國，更加靈活運用知識，應當能帶來更多創新發展。

工具
3

經典

應讀的「名著」

工具三單元中，介紹大約二十本應該一讀的名著。希望各位至少能簡潔地說出每一本書概略的內容。

《蘇格拉底自辯篇》

透過在審判中，蘇格拉底申辯詞的描述，可以了解如何誕生哲學之父蘇格拉底。這是由他的弟子柏拉圖完成的史詩般壯闊的作品。出版於西元前四世紀左右。

《蘇格拉底自辯篇》是蘇格拉底的弟子柏拉圖，描寫師父最後偉大身影的作品。蘇格拉底在最後被審判之際，對雅典市民進行申辯的巨大作品，以蘇格拉底的獨角戲形式記錄下來。

蘇格拉底遭受的控訴，是他腐蝕青年思想，信仰的不是國家的神，而是其他神明。這場審判除了三個告發者，還集結了從市民中抽籤選中的大約五百名陪審人員。

這部作品依循審判的過程分為三個部分，第一部分是蘇格拉底針對告發者提出的反駁。蘇格拉底先針對自己為什麼會和青年們開始對話加以說明，他說是因為有人在德爾菲神殿得到神諭，說沒有人比蘇格拉底更有智慧[2]。

接著蘇格拉底針對理想的國家、正義與死亡的關係加以說明。他認為防止國家傾頹，為了正義而戰的勇士，絕不會恐懼死亡。因此他自己面對這次不公正的審判，並不畏懼死亡。

在第二部中，蘇格拉底主張自己的行為並非有害青年，反而是讓他們能擁有優異的思考，這是善行。然而，審判人員的心證反而對他不利，結果以懸殊的差距判處他死刑。

2 這一段的後續是蘇格拉底聽了神諭甚為不解，他認為自己一無所知，所以便四處詢問詭辯家的見解，因而發現在承認自己的無知方面，確實比詭辯家更有智慧。

第三部中蘇格拉底留下的話語是：他自己和那些判定他有罪的人，究竟誰更幸福，除了神祇，沒有人會知道答案。

審判後，在柏拉圖及許多弟子的守護下，蘇格拉底很乾脆地一仰而盡毒參汁，並且成為兩千數百年來仍被後人傳誦的人物。

《尼各馬科倫理學》

闡述如何「活得正當」的倫理，就是在群體中培養的德性。其本質是意味事物狀態的中庸。亞里斯多德代表作。出版於西元前四世紀左右。

《尼各馬科倫理學》是古希臘哲學家的代表作。內容一如書名，可以說是闡述倫理方面的教科書。所謂倫理就是人們應該遵守的道理，因此本書追究的是如何好好活著。

亞里斯多德提出的第一個問題是：「什麼是至善？」所謂的至善，指的是人類活動著眼的目的，希臘文寫成「eudaimonia」，意為幸福[3]。**依亞里斯多德的說法，一個人能不能幸福，決定於當事人的行為。**因此要格外重視品格中的德性。德性與知識不同，無法透過學習，必須在群體中逐漸培養而成。

那麼，什麼樣的德性叫做美德呢？亞里斯多德針對這點，提出「中庸」的觀念。所謂的中庸，指的是愉悅或不快都在恰到好處的狀態。比方說，介於動不動就生氣和冷漠之間的平靜就是中庸。如果能養成這樣的德性，付諸行動之際，就能有自制力。他把人類採取行動的要因，分為「欲望」、「氣魄」與「理性意願」三種。有自制力的人，就會根據理性意願而行動。

理性就是以腦袋思考，所以需要具備知識，亞里斯多德將這裡的理性

---

3 有些學者認為更確切的譯法是「human flourishing」，指人自我實現，達至更深沉的滿足感。

分成兩個種類，一是理論智慧優異的「理智」，一是實踐智慧優異的「思考辨別」。

其中，實踐智慧優異的思考辨別，意指能正確判斷何者為善，而這就和「正義」的概念有關聯。亞里斯多德所說的正義指的是公平，而公平性得到實踐的正確狀態，他認為就是善。

《君王論》

為了實現理想的政治，闡述君主該有的模樣應該極端冷酷、充滿現實主義。馬基維利闡述的領導論決定版。出版於一五三二年。

本書分為兩大部分，前半闡述如何當一位君主的「君主政體論」；後半則是闡述君主須知的「君主論」。在君主政體論部分，則分為世襲君主制及新興君主制兩個部分來論述。世襲君主制中已建立制度、傳統，因此只需要承襲就能維持國家運作。

然而，新興君主制由於一切都必須從零開始打造，因此困難重重。就像統治一個風俗民情迥異的國家，這時候，君主所需要的是「強制手段」。

作為強制手段，馬基維利建議要建立實力組織，也就是擁有獨立的軍隊。同時，他認為「沒有優良軍隊就沒有良好的法治」，因此他主張軍隊不僅用來防衛，也是國內統治的手段。從這裡可以看出他偏向強權的領導。

後半內容則是論述他對君主資質的看法。馬基維利認為君主必須冷酷，慈悲為懷反而會招來漫無秩序，放任殺戮與掠奪。因此，他認為可以藉由最低程度的殺雞儆猴以維持國家秩序。斷定「比起受人民愛戴，讓人民恐懼才更加理想」是他一貫徹底的哲學。

因此他認為必要時甚至可以捨棄良善，採取邪惡的手段。馬基維利把狐狸和獅子視作典範，因為狡猾的狐狸不會落入陷阱；威猛強悍的獅子不會輸給其他動物，他認為君主必須具備這兩者的能力。

馬基維利時常冷靜地觀察現實，那是因為他從經驗中體悟到理想主義有時會招來更大的悲劇。為了實現理想政治而強調現實主義這點，可以說是《君王論》最重大的意義。

《沉思錄》

一如把人比喻為「思考的蘆葦」的名言，描述不因脆弱而屈服，以理性勇敢思考的人類本質。巴斯卡闡述道德的隨筆。一六七〇年出版。

本書是敏銳分析人類思考與行為的隨筆。具體結構分為三大部分，第一部分是關於人類偉大及悲慘的矛盾；第二部分述說哲學家意圖解決這個問題的無能為力；第三部分則是述說基督的愛將人類從悲慘中拯救出來。

第一部分在描述人類偉大及悲慘的矛盾的內容中，最有名的應該是把人比喻為「思考的蘆葦」的表現。蘆葦是輕易就會折斷的脆弱植物，但巴斯卡接著又說：「思考顯示出人類的偉大，雖然人類不過是自然界最脆弱的一根蘆葦。」

雖然人類很脆弱，卻絕對不會拋下或逃避煩惱，而是用腦袋思考，設法努力面對，就這一點來看，人類又很堅強。雖然我們會感歎自身的脆弱或悲慘，但會這麼想，正是我們比植物和其他動物更偉大的地方。

話雖這麼說，巴斯卡並不是認為單純邏輯地思考事物就好了，他認為也需要有幾何學心智及纖細心智。所謂幾何學心智，是指運用定義、原理，客觀分析事物的精神；相對的，纖細心智則是指以直覺綜觀整體的精神。換句話說，幾何學心智是理性思考的精神；纖細心智則是以感情去掌握事物的精神。

巴斯卡主張複雜的人類和機械不同，必須更仔細去面對觀察。人類在精神上的脆弱，是他的基本觀察。因此他也說：「當視線被阻斷而看不見懸崖時，我們就會無牽無掛地向懸崖跑去。」

從他留下的這些名言來看，可以說即使是生活在現代的人們，當面臨生存方式或煩惱時，也能從其中獲得極大的啟示。

《隨筆集》

成為隨筆代名詞的蒙田作表作品。探討知識界限的散文形式哲學書。一五八〇年出版。

本書原書名 *Essais*，意思就是隨筆，原本是來自法文的 essayer，意思是「嘗試」，也就是透過試驗、發揮判斷力的結果，這就是本書的內容。

既然是隨筆，就不是系統性寫成，因此，我想介紹幾個特徵內容。首先應該注目的是他對於人的觀點。蒙田在本書中提出「人是驚人地空虛、多樣且多變的存在」。

既然人是這樣的存在，蒙田接著論述，人沒有目標時會怎麼樣呢？他說那就像是毫無阻攔的風，一個隨風搖曳的靈魂，如果不賦予它一個可供憑恃的方向，它就會迷失在自我當中，消失在茫茫的空間。所以一定要給靈魂一個可供勇往直前的目標。

原本蒙田就把思考當作行為的前提，他也重視求知行為本身。他斷言說，人類的本性中沒有一種欲望比求知的欲望更自然。因此人們會竭盡所能嘗試所有方法。當理性不夠用時，我們就會使用經驗。

也就是說，蒙田基本上重視理性，視理性為知識的泉源，但他同時主張，當欠缺理性時，可以運用經驗來彌補不足。他意圖加以試驗的判斷力，就是除了理性之外，也是經驗後盾的強韌知性。

蒙田曾提出一個有名的問題「Que sais-je ?」直譯就是「我知道什麼？」儘管蒙田飽覽群書，學識超乎常人，他仍不斷地提出這個問題，終其一生不斷探求知識的態度，為後世的思想及文學帶來巨大影響。

《方法導論》

針對所有對象進行思考、懷疑，發現唯有自己的意識不容質疑的笛卡兒主要作品。一六三七年出版。

《方法導論》是論述哲學方法的一本書。笛卡兒開宗明義地表示「良知是世界上被最公平分配的」，換句話說，笛卡兒主張「正確判斷、辨別真偽的能力，原本是任何人與生俱來平等擁有的」。然而，現實卻並非如此，問題出在每個人運用方法的差別。所以笛卡兒才會企圖向人們說明正確的方法論。

笛卡兒提出的方法是，先讓腦袋清空。**我們的腦袋已充滿形形色色的意見，因此先試著徹底清除一次自身的見解，然後才能看清楚其中的本質。**

對數學也很有研究的笛卡兒，對於研究學問的方法，提出以下四條規則。第一是「明證規則」，指的是除了在精神上得以展現不抱任何懷疑的清晰、明確的事物，任何一切皆無法成為判斷內容；第二是將問題切割成小部分的「分析規則」；第三是讓問題從單純循序漸進到複雜的「綜合規則」；第四是毫無遺漏逐一列舉的「列舉規則」。

這個研究學問的方法限定在哲學細密化的部分，就是本書主軸的第四部分「形上學」中論述的「方法的懷疑」。所謂方法的懷疑，就是「針對一切事物都要徹底懷疑，最後留下完全毋庸置疑的部分」之手法。

這也就是一般以「我思，故我在」之象徵表現來理解的內容。這是從拉丁文「Cogito, ergo sum」譯成的名言，也有人稱為「笛卡兒的Cogito」。意思是不容質疑的只有我們的意識。《方法導論》宣稱人類意識特別的存在，成為引領後世哲學方向的航海圖。

《社會契約論》

主張國家應該基於人民共通的「共同意志」重新訂立契約。也在法國大革命被奉為聖經的盧梭代表作。一七六二年出版。

在絕對君權的時代，歐洲各國都是由所謂神授予權力的君主來統治人民，也就是所謂的君權神授說。但是，對君主的壓迫抱著疑問的思想家們開始思考由人民自身建造國家的理論，其中一個就是盧梭的《社會契約論》。

因此這本書先從抨擊現行社會秩序不合理性開始，接著展開論述。也就是說，人類本來是自由的，卻因為過著社會生活，所以被迫變得不自由，為了改變這個狀況，人們試圖重建新的社會秩序。

具體來說，盧梭是以家族為藍本，建構新社會。在家族中，比方說小孩子的自由是暫時託管給父母，但也因為這個緣故，孩子可以安心在家過著自由的每一天，這就是為了自己的有用性而讓渡自由。

盧梭認為和家庭一樣的，國家也是每一個人都把自由讓渡給每一個人，其實也就是將自由讓渡給自己，這種情況，失去的只有恣意妄為的「自然的自由」，相反的，卻能獲得真正的自由，亦即「公民的自由」。所謂公民的自由，是依循義務及理性，能夠自律的自由。由此可知，在共同體中不能恣意妄為地行使自然的自由，而必須重視自律的公民自由，否則人際關係將會發生問題。

那麼，究竟該怎麼做，才能讓具備不同個性的社會成員，團結組成一個國家呢？盧梭認為有一種全員共通的「共同意志」，這和單純將每個人個別意志加總而成的「全體意志」完全不同。全體意志只是反映最大公約數的意見。盧梭主張應該根據共同意志，實現民主制是最理想的。

《自由論》

提出在不損害他人自由的限制之「傷害原則」，建構有關古典自由主義論述的彌爾代表作。一八五九年出版。

約翰．史都華．彌爾給予自由意義極高的評價。因為對人類而言，基本的自由不可或缺，若是沒有得到基本保障，就不能說是自由國家。他所說的自由是以國家為核心的權力而來的自由。像這樣論述自由與社會的關係，可說就是本書的意義。

彌爾先提出他最大的憂心，也就是「多數者的暴政」成為新的威脅且持續壯大。由民眾統治就是意味著多數人支配，這不僅是政治，也會透過如輿論般的社會壓力來行使，就這層意義而言，多數者的暴政可以說比政治上的暴政更危險。因為多數者的暴政會阻止個性形成的事物，把一切個性均一化，因此**彌爾設定尊重個性是自由論最大的課題**。

彌爾因此嘗試對個人明定團體干預的界限，也就是提出正當干預的一般標準，那就是「傷害原則」。換句話說，只有在為了保護自己，以及防止傷害其他成員這兩個情況下，社會成員對於個人行為自由的干預才能視為正當情況。

因此，他區分成「只有關係到自己本身的行為」，以及「和他人有關係的行為」，根據這個原則，即使會對自己帶來傷害的行為，只要與他人無關，就不能干預。

另一方面，主張給予自由最大尊重的彌爾，同時還寫了《效益主義論》。同樣是效益主義，但並不是像傑瑞米．邊沁般主張快樂的量越多越好，彌爾的效益主義特徵是講求快樂的質。彌爾的效益主義同樣不是把目標放在行為者個人，而是關係者的幸福。這麼一來，有可能與個人自由衝突。而調整這個部分的理論，就是上述的「傷害原則」。

《道德情感論》

亞當．史密斯的道德哲學。主張社會的道德秩序與繁榮，應當基於公平觀察者的同情共感而形成。一七五九年出版。

作為一個思想家，亞當．史密斯因為寫了《國富論》而被稱為經濟學之父，更廣為人知。但是，實際上他還寫作了《道德情感論》此一偉大思想作品，作為道德哲學家這一面。

史密斯在這本書中，一開始先從導入社會秩序說明人類的本性之考察，然後他揭露人類的本性是「利己心」。他認為**沒有一種動物像人類一樣這麼眷顧自己。**

然而，人類同時也是能夠站在對方立場思考的動物。也就是能夠「同情共感」（sympathy）。的確，我們不論自己的行為或他人的行為，在判斷適當與否時，都是以能否感同身受為標準。所謂的同情共感，就是在心中想像自己在同樣處境時的情感，以達到感同身受，所有動物中只有人類有這樣的能力。

然而，必須注意的是，判斷能否同情共感時的標準，並不是主觀判斷，而是自己內心中的第三者，也就是由「公平的觀察者」來進行。我們是透過這樣的公平觀察者形成一般準則，然後加以判斷。

這些是基於經驗培養而成。也就是說，史密斯所講的公平觀察者之一般準則，並不是人類與生俱來的能力，而是在自己所屬的社會中，透過經驗學習而來。

史密斯並且認為，不光是社會秩序，社會繁榮也可能透過同情共感而實現。也就是說，任何人都具有野心，追求自己的地位與財富。但是這時候，人們會為了避免他人非議而努力，相反的，也會為了得到讚美而不斷努力。像這樣為了求得同情共感，就會在不知不覺間對社會繁榮有所貢獻，也就是他所謂的「看不見的手」發揮作用。

《純粹理性批判》

分析是否能透過人的理性去認識，以及能夠認識到何種程度的康德代表作。一七八一年出版。

康德說他是為了描繪形上學的概略圖而寫了本書。**也就是說，他的目的在於揭露能否透過人的理性去認識，以及能夠認識到何種程度。**

那麼，人對事物的認識是什麼樣的方式成立的呢？根據康德的說法，一切思考是因為「直觀」而生。只有對象存在時才會產生所謂的直觀。唯有對象依某個方式觸發我們的意識，才會引起我們思考。

接收這個表象的能力是「感性」。對象就是透過這樣的感性傳達給我們。也就是說，感性讓我們產生直觀。這時對象則是透過「知性」讓我們思考。根據感性接收的內容，構成對象的能力，也就是理解事物的能力。透過知性，形成有關對象的「概念」。

在感性與知性這兩個階段，各有不同經驗而衍生的認識形式。在有關感性的認識形式，是時間和空間。我們在時間與空間中直觀地認識事物；相對的，在有關知性的認識形式，則是透過範疇的分類表來掌握事物，就像是為了判斷事物的模式表。康德認為這個分類表涵蓋了我們所有的知性。

超越這個部分的世界，康德稱為「物自體」，必須憑藉理性來處理。然而，答案卻因人而異。當企圖思考超越人類認識極限的部分，必定會陷入二律背反的狀態，也就是人類的理性有其界限。可以說康德透過探索理性界限，揭示人類能夠知道什麼的界限。

《精神現象學》

描述意識透過經驗發展，最後到達看透一切的終極階段「絕對知識」的黑格爾主要著作。一八〇七年出版。

《精神現象學》是被譽為近代哲學完成者的黑格爾成名作，也是他最重要的作品。本書內容是**說明意識透過經驗發展，最後到達看透一切的終極階段「絕對知識」的境界**。

那麼，意識究竟是經過什麼樣的旅程呢？我們來看一下它的過程。這個過程也吻合本書的結構，首先大分為A意識、B自我意識、C理性三個階段。然後C再分為AA理性、BB精神、CC宗教、DD絕對知識這四個階段。

A的意識被放在知性的最底層階段，這是因為意識純粹以對象為真理，我們很容易認為自己和對象的關係只是主觀的事物。然而實際上，聯繫客觀真理和主觀事物的就只有我們自己，了解這一點後，便進入到B的自我意識階段。

B的自我意識，為了證明自己是真理，發現還是必須有對象，透過這樣的經驗，自我意識發展為自我與對象的意識統一體，也就是發展為C的理性。

接下來便是理性自行證明它就是世界本質的過程。黑格爾先在AA理性中，論述自然世界中，理性仍是本質的事物。同樣的，在BB精神中，即使是歷史的世界，理性依然是本質。接著在CC宗教裡，上帝被描寫成理性與世界和解的象徵。最後在這趟旅程的最高潮絕對知識，將會認識到CC宗教裡所描寫的上帝本性，其實和人類的本性是相同的，這就是到達了終點站。

自我意識最後連神也能作為概念來理解，這正是能夠洞悉一切的絕對知識。黑格爾就這樣高聲疾呼人的精神是能夠成為絕對的。

《資本論》

馬克思揭發透過搾取剩餘價值，勞動者被疏離的資本主義矛盾，倡議社會主義革命的重要著作。出版於一八六七～一八九四年。

《資本論》是馬克思的重要著作。他主張針對資本主義的矛盾，應該要建立平等的社會，也就是社會主義。首先，馬克思認為人們投入的勞動量決定了商品價值，這就是「勞動價值理論」，他以這個理論為前提，論述資本主義的機制。

比方說在工廠，資本家提供生產工具，勞動者運用工具來製造商品，並獲得酬勞作為勞力代價。這時，由於資本家投資設備提高生產力，使得製造相同產量所需要的勞動力逐漸降低，勞動者人數因而減少，因為製造相同產量的時間變短，所以酬勞也跟著減少。另一方面，資本家把多餘的生產量視作自己的利益。這個多餘的生產量利益稱為「剩餘價值」。就這個部分而言，勞動者形同做了白工，也就是勞動力受到「剝削」。

因此，勞動行為從主動而轉變成被強制的行為而令人越來越厭惡，這種狀態稱為勞動的「異化」。所謂異化，就是疏離的意思。勞動者雖然收取工資，但製造的產品屬於資本家所有，因此勞動者首先會從產品被疏離。其次，由於勞動行為只不過是在資本家命令下的分工，因而也從勞動行為中被疏離了。

為了擺脫這個狀況，只能克服疏離困境，只能打造一個新社會。因此馬克思主張必須發動革命，先讓勞動者共同擁有生產工具，然後導入共同分享製造產品的經濟體制。**馬克思的思想現在仍然未因時代而褪色，就是因為我們多數人即使生活在資本主義社會，仍然與這樣的矛盾產生對抗的想法。**

《新教倫理與資本主義精神》

論述資本主義在西方發展的背後，有新教倫理的禁欲生活態度之因素，馬克斯．韋伯的代表作。一九〇五年出版。

本書的主旨在於說明資本主義在西方的發展，是基督新教禁主義的生活態度下的產物。

根據韋伯的分析，西方有著可稱為「傳統主義的生活態度」，亦即人們不是祈願盡可能擁有更多報酬，而是祈願成為習慣的生活能繼續，以及擁有必要的事物。

那麼，究竟是什麼帶來了近代資本主義呢？韋伯充分表現社會學家的特質，調查了地方的職業統計。結果發現近代企業資本家及企業經營者，意外地有很多屬於基督新教。

但是，韋伯依據喀爾文教派在基督新教中的事實，著眼於預定說而解開這個謎團。所謂預定說，是指能否獲得救贖是由預知神定奪。預定說使信徒無法確知是否得救而陷入焦慮不安，因此堅信勞動是神所喜的人生目的而勉勵工人。也就是說，人們透過全力以赴去做上帝賦予的工作，深信因此可以獲得救贖。

就這樣，基於勤勉而產生利潤，這也就是基督新教透過禁欲而成為節約的對象。結果並非是欲望，反而是作為禁欲的歸結而蓄積資本，因而形成近代資本主義。基督新教的倫理，在非意圖的狀況下，帶來了資本主義的形成。韋伯把這個「資本主義的精神」以「習性」（ethos）來描述。所謂的習性，以韋伯的說法，是支配社會的倫理氛圍，或者說是類似思想氛圍般的性質。

因此，營利欲望使得商業活動活絡，因而帶來資本主義的一般見解遭到他的否定。反過來說，也可以說他的理論，在思考失控的資本主義時，帶給我們極大的啟示。

《論幸福》

使用「隨筆」（propos）形式，以任何人都明白易懂的文章寫出能夠幸福的關鍵。阿蘭的代表作。一九二五年出版。

這本書是以形形色色的主題，論述究竟什麼是幸福。本書原名為「有關幸福的隨筆」（*Propos sur le Bonheur*）。所謂的「propos」是指寫在大約兩張活頁紙上的短篇文章，而本書可以說是彙整這些隨筆的精華全集，也可以說是一本積極思考的書。

那麼，接著就來看看阿蘭闡述的內容。他對於幸福是這麼說的：「心情愉快什麼的並不存在。所謂的心情，正確來說，總是不好時居多。因此，所謂的幸福，必須憑意志及克服才能得到。」反過來說，想像力有時會帶來災難。所謂病由心生就是如此，想太多不是好事，想要幸福，現在就應立即停止煩惱。

相反的，阿蘭認為希望幸福的人，最不應該的就是什麼都不做。「不幸或不滿很容易，只要一直坐著不動就好了，就像等著別人來取悅的王子般。」也就是說，不去追求幸福，便無法得到幸福。可以說幸福必須由自己去創造。

那麼，為什麼人非得幸福才行呢？就算想要一生過著不幸的生活，應當也是個人自由。然而，阿蘭並不這麼認為。他說幸福也是對他人的義務。而且，變得幸福的人，為我們做出精彩的示範，應該給予大大的讚美。

人類確實是被他人的幸福慰藉、鼓勵。幸福也能帶給周圍的人幸福的效果。所以還是要大家都變得幸福才好。如果淨是一些自認不幸的人，將會使不幸蔓延，世界黯淡無光。阿蘭說：「我提議應當表揚決心變得幸福的人，就像是授予市民月桂冠般的殊榮。」

《愛的藝術》

所謂的愛究竟是怎麼回事呢？對以往有關愛的思考起了一百八十度轉變的佛洛姆代表作。一九五六年出版。

本書原名是「The Art of Loving」，直譯就是愛的藝術。顧名思義，寫的是有關藝術的內容。有趣的是並非論述被愛的藝術，而是去愛的藝術。

就佛洛姆的說法，這才是誤解。愛原本就是主動的經營行為，因此，愛應該被視作能力來討論，不應該談論什麼樣的人才是好對象，這就和挑選物品是同樣的想法，貶損了愛。論述和資本主義的關係是佛洛姆的真髓。因此無法去愛人是現代人通病。

更重要的，愛絕不是「陷落」。人們常說「陷入戀愛」，其實是錯的。佛洛姆認為愛是自己跨進去的。因此他進一步說明愛是一種付出。

愛是當你付出了什麼，然後它會返回的東西。一般而言，我們給出去了什麼會有喪失感，但愛不會有這個狀況。當你付出時，對方也會相對給你某些回應。因此，佛洛姆所說的付出，是互相分享。

無法做到分享的人會變成自戀，凡事只想到自己。因此，佛洛姆提出愛所需要的四項主動特質，也就是體貼、尊重、責任、理解。換句話說，這四項都是能夠考慮到他人的特質。

能具備這四項特質後，就是技術的練習了。這是要克服自戀，練習去客觀看待事物，並且為了能相信別人，先練習相信自己。然後為了具有勇氣，故意去碰觸危險，練習接受痛苦及失望。進行這些練習的前提，就是任何事都積極投入的主動性。因為有生命力的人，對戀愛也很積極。

《存在與虛無》

將人的意識詮釋為時常尋求否定的「對己存有」，從其中找出物體中不存在的自由意識。沙特提出的存在主義預告編。一九四三年出版。

本書把人的存在詮釋為意識，說明其結構的作品。依照沙特的說法，所謂的意識，原本對象就是經常而必要的，可以說成「有關某物的意識」。為了說明這個想法，他提出「在己存有」與「對己存有」兩種概念。有關在己存有，只需想想看物體本身存在的樣貌就可以。亦即桌椅等物體存在某個地點的狀態。

相對的，對己存有則是以「那不是某個地方的事物，而是不在任何一個地方的事物」來表現，以否定事物作為本質。人的意識就是這樣的對己存有。確實我們本身並非永遠維持我們現在這個樣子。這就是否定的意義。換個說法，自己這樣的存在，時常是透過否定來脫離自己的存在。這才是和物體最大的差異。透過產生無而脫離自己的狀態，沙特稱為「自由」。經他這麼一說，桌椅這類的物體確實沒有自由。

但他卻以「人類遭處以自由之刑」這樣的負面方式表現。這是因為自由具有讓人不安的要素。不知未來會變怎樣的不安。因此，人們企圖掩飾這樣的不安。也就是以自由對自己偽裝，這就是被稱為「自我欺瞞」的狀態。

本書最後，沙特再次論述自由的意義。**他所謂的自由，並不是無所不能。而是對於被束縛在某個處境的人，企圖要去做什麼，這才是自由。**亦即只能在被迫置身的處境賦予意義，透過自己積極參與的「介入」，賦予世界意義，才是對人類而言的自由。

《野性的思考》

從結構主義的主場來看未開化民族的隨創力（Bricolage），論述野性思考是不同於近代科學的一門科學。是李維史陀的代表著作。一九六二年出版。

李維史陀在本書所批判的事實，是就結構的觀點來看，西方近代文明未必絕對正確。

他先著眼的是未開化民族的思考。他們的思考並非粗野而單純，只是想法有別於西方文明而已。此外，未開化民族的求知欲反而較為均衡。因此相較於文明社會時常追求劇烈的變化之「熱社會」，未開化社會幾乎是沒什麼變化的「冷社會」。但反過來說，冷社會即使不追求新的變化，也十分完備地在運作。

李維史陀以「隨創力」的概念來說明維持冷社會的祕訣。所謂的隨創力，就是現場就地取材，以隨手可得的材料組合成作品，一般也譯為「拼貼」。

相對的，近代科學的思考，則是由技術一開始就擬定整體計畫，使用固定功能的零件來組裝產品。只要想想我們閒暇在家動手做木工的情況就可以了解，使用手邊現成可用的材料，設法遷就組合利用，有時更加方便實用。

也就是說，本書指出**過去被認為只不過是未開化社會的幼稚發想，被驅逐於文明之外的野性思維，其實與近代科學一樣，是合理的科學。**李維史陀這個批判具有劃時代的意義。而且，他鑑於近代科學是特定時代與文化所固有的，野性的思維反而更具普遍性。

不過，李維史陀並不是認為野性思維更具普遍性，因而主張用來取代近代科學。相對於具體而感性的野性思維，近代科學的特性則是抽象而理性，也就是說兩者具有截然不同的特性。因此，感性思維與理性思維，不應該是互為排擠，而應該統合並用。

《規訓與懲罰：監獄的誕生》

新權力的科技，在不知不覺間產生服從的主體。敲響此一警鐘的傅柯代表作。一九七五年出版。

傅柯在本書中指出，到了近代，刑罰的對象從身體移轉為精神。這不是刑罰制度的進步，終究還是刑罰形式的變化。也就是說，其他種類的權力科技出現。

監獄制度是以身體為直接對象，對於「服從主體」採取監禁、矯正功能的設施。因此，與對精神作用的權力相同，產生對身體發生作用的「微視權力」，這可以說是新的權力。因此，傅柯相當重視專家與他們發揮科學知識的角色，因為這些也是新的學問。

而這些知識的對象就是監獄。監獄這個系統在闡明近代社會權力，成為主要的分析對象。因為傅柯從當中發現名為「規律與訓練」的新型權力型態。當然，規律與訓練的對象是人的身體，就像把人套進固定的鑄模般，藉此讓人的身體動作改變、規格化，並且加以訓練，也可以說是「身體的政治技術」。

其中最有名的，就是全景監獄（Panopticon）的監視結構。直譯就是「全景環視裝置」。在這個監獄，監視人員能夠從中央的監視室監看獨立房中的囚犯，囚犯則無法看見監視室。**也就是說，監視者與被監視者的視線並不平等，而這樣的不平等正是權力的象徵。**是一方必須完全順從另一方的結構。在全景監獄中，能夠讓囚犯意識到被監視的可能性，於是自動地成為順從的「從屬主體」，權力就這樣經由囚犯自身而深入內化。

傅柯從全景監獄原理看到的規律、訓練權力作用，並不是僅限於監獄制度，甚至更擴及近代社會的各個角落。

《極權主義的起源》

鄂蘭對照史實，針對當代社會而言的新現象之極權主義，分析其發生結構而寫出的代表作。一九五一年出版。

本書是就極權主義的形成進行分析。鄂蘭在本書第一部說明：反猶太主義未必是因為納粹才產生。反猶太主義從十九世紀末以來，成為歐洲在政治宣傳時最具效果的武器，不需納粹出手就已經在歐洲蔓延，納粹只不過是利用反猶太主義的社會氛圍。

第二部「帝國主義」則是論述為什麼會衍生帝國主義。根據鄂蘭的看法，對於貪婪無厭地擴大為本質的資本主義來說，限定地域性的民族國家體制只是一副鐐銬。因此，資本主義推手的資產階級，便過問政治而推動擴張政策。

第三部則是開門見山地直指究竟什麼是「極權主義」。根據鄂蘭的看法，二十世紀最大的問題，是階級社會瓦解，大眾社會的到來。所謂的大眾社會，是未被組織化的分散個人，原子化（atomization）的群眾，會因為某種運動而輕易被吸引。基於這樣的背景而形成並擴展為極權主義。

吸引群眾而形成的極權主義運動，不久就演變成維續支配權為目的。為了達到目的，採取提供虛構世界的意識型態，以及為了強制而採取恐怖攻擊。**極權主義的敵人是安定的社會，所以極權者必須讓社會經常處於不安定的狀態。**對群眾的脅迫正是極權主義的靠山。這樣的理論在現實社會中實踐而形成的支配機構，就是納粹主義和史達林主義。

也就是說，階級社會崩壞後，人們對社會的漠不關心導致主權者意識淡薄，帶來群體社會而讓極權主義登場。

《溝通行動理論》

為了防止生活的世界受到體制侵蝕，主張有必要基於溝通理性而討論的哈伯馬斯代表作。一九八一年出版。

哈伯馬斯向來重視公開的討論。因此他主張應當重新檢視理性的運用。他的提案也就是本書論述的「溝通理性」思考法。也就是說，不是為了說服對方而使用理性，無論如何都是以開放的態度聆聽對方的發言，採取和對方共同成就某些行為的態度。**當人們企圖和他人一起做什麼事情時，必定會產生討論，這時候，如果沒有站在尊重對方的立場，溝通就無法成立。所謂的社會就是應當尊重的對象之集合體。**因此與他人產生關聯時必須抱著開放的態度。

像這樣基於理性的溝通行為，和策略行為不同，並不是為了達成目的以命令、欺騙等不擇手段的方式來影響對方的意志決定。無論如何都必須在提出適切要求後，得到對方同意及認同。只有提出適切要求後，才可能進入理性討論。

在實踐理性討論時，相關的當事人都必須參與，直到規範的適切性恢復前，都必須把規範先置於假設位置束之高閣，然後每個人再次提出適切要求，提出自己的主張，根據適切性的恢復，只認同最好的根據。

哈伯馬斯提出，為了使這個過程具有實際效果，必須採行三個原則。第一，參加者必須以同一種自然語言討論；第二，參加者只敘述並支持相信為真的事實；第三，所有參與的當事人都必須站在平等的立場參與討論。

哈伯馬斯運用這樣的溝通行動，對近代社會提出批判。換句話說，我們生活的世界，由於經濟體制或國家體制而遭受殖民化。因此，透過溝通行動，企圖消除這樣的狀況。

《正義論》

羅爾斯基於正義優先於善的立場，要求公正分配的正義原理而寫成的代表作。一九七一年出版。

羅爾斯基於自由主義的立場，提出實踐公正分配的正義論。所謂自由主義，是重視價值的中立性，針對這一點，他提出「正義優先於善」，也就是說，現代社會由於價值多元化，無法再根據單一的善來構成正義。因此他運用無知之幕的創見，假設在不知道自身的資訊的情況下，藉以產生公平的判斷。

羅爾斯並且提出「正義二原則」的基準，第一原則是「各人應該對於基本自由的最大體系，持有平等的權利，但此一自由體系必須和他者的同樣體系並存」。第二原則是「ⓐ在機會公正均等的條件下，對所有人開放公職或地位」，以及「ⓑ改善社會境遇最糟的人之境況」。

第一原則稱為「平等自由原則」，第二原則的ⓐ為「機會公正均等原則」、ⓑ為「差異原則」。

也就是說，根據第一原則，每個人可以享有平等的自由。不過，這裡的自由指的是言論自由、思想自由、身體自由等基本自由。其次，根據第二原則的ⓐ，有關社會、經濟的不平等，務必尋求在某個地位或職業的機會受到均等保障。即使現在仍然不平等的時候，就以第二原則的ⓑ「差異原則」來調整。

羅爾斯說差異原則，只能在境遇最遭的人獲得最大利益的情況下，不平等才能被容許。也就是說，擁有才能的人，只是偶然被賦予這樣的才能罷了，因此應該把自己的利益分配給境遇不佳的人。

《為什麼世界不存在》

創造「新實在論」的新哲學潮流，被譽為天才的德國青年哲學家加布里埃爾，風行國際的暢銷書。二〇一三年出版。

馬庫斯・加布里埃爾因為「新實在論」，或說「新實在主義」而一躍世界舞台。這是象徵近代德國哲學的一大潮流，一般認為是企圖更新德意志觀念論的野心嘗試。

加布里埃爾舉例說明，當我們看到某一座山時，究竟只是意味著實際存在的那座山？或是從各個不同地方看這座山的所有人視點？他先介紹幾個不同哲學思維的立場後，再表明自身的立場。他認為，成為我們思考對象的各種事實存在於現實中自不用說，與此相同的權利，關於這些事實，我們的思考也存在於現實中。

這顯示出這個世界並不是只存在於沒有觀察者的世界，也不是只存在於只有觀察者的世界。建立這樣的前提，**雖然有為數眾多的小世界，結論導致涵攝一切的「世界」並不存在**。這才是他說的「世界並不存在」的意義。因此，加布里埃爾另一方面才主張「世界以外的一切都存在」。

這和他稱為「對象領域」的東西有關。人類能理解的，只限於自己作為對象的領域。然而，因為世界意味著一切的概念，所以人類只要無法理解一切的存在，世界對人類而言就不存在。

加布里埃爾就這樣把新實在論以「意義場的存有學」來表現。我們認識的一切事物，都各自在某個有著象徵意義的場所顯現，在詰問這個人類認識能力時，可以說令人有感受到德意志觀念論的系譜。現在隨著形形色色的科技進步，過去的常識或事物看法也持續有所動搖，就這層意義而言，新實在論般的嶄新觀或許也能在商場派上用場不是嗎？

工具
4

名言

打動對方內心的「哲學名言」

工具四要介紹打動對方內心的哲學名言。較短的名言直接背起來比較好，光是記得重點也能派上用場，為此我寫出超譯的內容。

如果幸福是善，那麼以達到最大量亦即最多數人的幸福為目的，便是道德的善。

（傑瑞米・邊沁《道德與立法原理導論》）

超譯 **幸福的量越多越正確。**

商務人士每天都需要連續做出判斷。必須經常一邊前進一邊判斷怎麼做才正確。「這樣的企劃如何？」、「這樣的營業方式好嗎？」遇到這種情況，不妨以「幸福的量越多越正確」的標準來判斷如何呢？

說出這句名言的，是提倡效益主義的邊沁。所謂效益主義，就如同這句名言中說的，計算快樂的量，快樂越多則越幸福，而越多人幸福就是越正確的選擇。因此，這個想法常以「最大多數的最大幸福」來定型化。

事實上我們的社會就是基於效益主義而建立。典型的例子就是汽車社會。汽車社會必定會因交通事故而有人犧牲，但我們還是不會停止汽車社會，因為使用汽車而獲得快樂的人還是占多數。也就是說，就社會上整體來看，這才是幸福的最大化。

這時候，也不能因為自己不屬於少數者就安心。少數者取代多數者，或是多數者淪為少數者的逆轉現象也常會發生。現在認為自己位居多數者一方的人，也絕不能大意。

那麼，邊沁這句「幸福的量越多越正確」名言，在我們判斷事物之際，如何作為有效簡易的指標呢？就如上面所舉的汽車社會例子，要讓多數的人幸福，最首要的就是以多數人幸福量的最大化為標準。尤其是企業或自治體活動的情況更是如此不是嗎？希望各位在投入每天的工作時，能夠時時自問：「該怎麼做才能讓多數人得到幸福？」

想要穩固自己地位的君主，有必要學會習慣不當一個好人。

（馬基維利《君王論》）

超譯 **領導者有時需要變得冷酷。**

什麼樣的人適合當領導者？人望不用說當然是必要的，知識應當也有必要對吧？但是，最重要的是決斷力。所謂決斷力，不僅是做出更好的選擇，尤其是做出不會傷害人的選擇，幾乎都不能稱為決斷。真正的決斷，幾乎都是會傷害到某個人的殘酷選擇。

這時候還能夠不躊躇，冷靜、冷酷地下判斷的人，才具備領導者的資質吧？因為有時候一瞬間的躊躇猶豫，都可能使整個團體致命，一般人都對於冷酷的判斷會表現出猶豫，但這樣就無法成為領導者。

論述像這樣的領導者哲學的，是義大利政治思想家馬基維利。在他的作品《君王論》中，充滿現實主義的論述。「想要穩固自己地位的君主，有必要學會習慣不當一個好人」這句話，可以說正是這樣的論述。因此，為求目的而不擇手段，惡名昭彰的「權術」（Machiavellianism）一詞，原文正是取自馬基維利的名字（Machiavelli），同時也是用來揶揄強權政治家的詞彙。

的確，若是處在一個不知能不能活下去的狀況，只能考慮眼前的現實。馬基維利認為君主必須冷酷，慈悲為懷反而會招來漫無秩序，放任殺戮與掠奪。因為藉由最低程度的殺雞儆猴，至少可以維持國家秩序。事實上他也曾說過：「比起受人民愛戴，讓人民恐懼才更加理想。」

如何？你是否也有可能成為領導者？重要的是平時就要為成為領導做準備，因為機會隨時都有可能到來。如果在關鍵時刻猶豫不決，可能就是欠缺領導者的資質。

我們並非天生為女人，而是被塑造成女人。

（西蒙・波娃《第二性》）

超譯　**男人塑造出女性這樣的性別。**

在日本，因為男女性別差異而產生的不合理差別待遇仍然橫行無阻，因此想在這裡介紹西蒙・波娃的名言——「我們並非天生為女人，而是被塑造成女人。」

西蒙・波娃是以女性解放為目標的著名女性主義理論思想家。另外，她與哲學家沙特的戀人關係也永遠為人們津津樂道。他們從學生時期陷入戀愛以後，就共度一生，卻一直沒有結婚。可說是有實無名的夫妻。因為西蒙．波娃基於女性主義的思想，自己絕對不要因為婚姻這個束縛女性的制度，而想要自由自在地活下去。十足表現出她這個思想的，就是女性主義著名代表作《第二性》。在這本書中，西蒙．波娃批評男性不讓女性管理財務。男性不讓女性接觸重要的事項，以便能照顧女性，所以越有錢的人越傾向把女性當附屬品，建構出對男性方便的社會。

表達出她思想的就是她說的這句尖銳批評，**女性並非天生為女人，而是被社會塑造成女人的立場**。的確，女性因為經常被要求「要像個女人」，所以才成為女人。

西蒙．波娃更進一步指出，為了維持對男性方便的狀態，女性不是被要求累積職能，而是以幸福的婚姻為人生目標。很多公司到現在仍有結了婚就得辭去工作的風氣不是嗎？因此女性不能永遠都甘於成為社會的「第二性」。為了改變這樣的社會，應該更加提升女性地位，有必要消除第二性的觀念。必須打造一個女性即使一個人活下去，也不會感到不安、沒有損失的社會。

人在本質上是政治性的動物。

（亞里斯多德《政治學》）

超譯 **我們的命運是成為組織中的一分子而活下去。**

所謂社會人就意味著是組織中的一分子。必須在公司這個組織中，身為一分子而行動。比方說佩戴識別證、遞出印有公司名稱的名片，在這個情況下，一眼就可以了解是某家公司的員工。

同時，就本質這一面來看，只要是組織中的一分子，就一定有被限制住自由的部分。雖然是理所當然的事，有必要遵從公司的規則。即使沒有寫在公司規則中，作為公司的成員，也有必要遵守的一些事項。

身為組織一分子，在獲得安心的同時，也被要求責任。就這一層意義來看，不妨參考亞里斯多德這句「人在本質上是政治性的動物」的名言來想想看。

亞里斯多德從擔任亞歷山大大帝的家庭教師經驗，論述組織概念應該難不倒他。**他認為人的目的在於追求幸福，而幸福又與人的德性息息相關。**德性是一個人的品格，有別於知識，無法經由學習而養成，需要在共同體，透過與人互動而逐漸養成。

要是企圖強制他人接受自己的主張，將會受到周圍的人譴責，無法順利以赴。透過這樣的經驗，人們學會對他人體貼的心情，這可以說是成為有德性者的方法。只不過，德性並不能一概而論地這麼定義。

亞里斯多德在論述什麼樣的德才是需要的之際，提出中庸的意義。所謂中庸，指的是愉悅或不快都能恰如其分的狀態。在人組成的團體中所要求的德性，或許就是像這樣不走極端的性格吧？

人類是一條繫在動物與超人之間的繩索。

（尼采《查拉圖斯特拉如是說》）

超譯

依靠某個強有力的人或許是最重要的，但能夠抱著並不存在這樣的人，你就會變得更堅強。

隨著激烈化的全球主義，社會競爭也變得越來越嚴峻。結果我們都抱著極大的不安而活著。但是，如果無法超越這樣的不安，就無法在競爭社會生存下去。然而話說回來，人類的心靈是脆弱的，因此能夠派得上用場的，就是尼采的思想。在這裡，請參考他說的這句「人類是一條繫在動物與超人之間的繩索」來想想看。

尼采首先批評基督教。他把基督教定位在是一個撫慰弱者的宗教。弱小沒關係，你是對的，所以你一定能在天國得到救贖，藉此創造出解救人類的主體，也就是上帝。因此，人們承認自己的脆弱，把一切交給上帝，尼采認為這和奴隸沒什麼兩樣。因此他把基督教稱為「奴隸道德」。人們應該儘早察覺這一點，不要倚賴這樣的奴隸道德，堅強地活下去，這就是尼采的思想。

那麼，不倚賴上帝，要如何堅強地活下去呢？**尼采認為反而先要接納這個痛苦的狀態，然後才能堅強地活下去。**

所以能否堅強地活下去，取決於不論發生什麼事，都能告訴自己「好，再試一次！」重新振作起來。這是非常痛苦的一件事，所以反過來說，若是能做到，是件很了不起的事。尼采把這麼了不起的人賦予「超人」一詞來形容，這樣的人超越了普通人。人們應當以成為超人為目標，懷抱堅強活下去的意志。因此他說人們介於動物與超人之間。我們雖然無法成為電影中那樣的超人，但應該能成為尼采這層意義上的超人。

萬物流變。

（赫拉克利特　出處不詳）

超譯 **凝神注目世界的變化。**

商務人士必須培養觀察世界變化的眼光，即使細微的變化也不至於漏看才行。有時即使外觀看起來一如往常，但卻發生了某些變化。只要人活著、地球仍在轉動，會從其中產生某種變化就是毋庸置疑的事實。

有關事物的生成變化，不妨參考赫拉克利特的「萬物流變」來想想看。所謂的萬物流變，就是一切事物周而復始的生成消滅。從科學還並不發達的古希臘人眼中來看，生活周遭的一切事物都是反覆著生成消滅的自然產物。不，即使對於生活在現代社會中的我們而言，或許一切事物也都與自然相同。

赫拉克利特也曾說了：「人不能兩次踏進同一條河流。」確實，川流不息的河水，即使看起來沒有變化，實際上始終處於流動狀態，踏入河中時自然接觸到的不可能是同樣的水。他說的這句萬物流變，正是要告訴我們，在這個世上肉眼所沒看到的變化。就這層意義來看，萬物流變可說是真理。不過，這句話當中，其實還隱含著另一個訊息。

那就是「萬物都存在一個規律。」也就是說，萬物在重複著生生滅滅的同時，其實都依著相同的規律貫徹到底。**重要的是洞悉什麼才是這個不變的規律。**赫拉克利特接著又說：「不是問我，而是用心傾聽邏各斯（logos），萬物存在的規律就是知識立足的根據」。

想必赫拉克利特在這裡所說的規律，是指萬事萬物即使重複著生成消滅，也絕對不會改變的本質。就這一點來說，商務人士需要的，除了肉眼看不到的變化，同時也需要看穿事物本質的能力。

我思，故我在。

（笛卡兒《方法導論》）

超譯 最後能信任的，唯有自己。

很早之前就已經進入資訊氾濫的時代，這個趨勢隨著科技進展的比例，更有日漸加速的傾向。尤其事物的做法及判斷，只要一連上網路，就有數不清的資訊。以前能給我們建議的，只有身邊的上司或長輩，現在網路上其實也有各式各樣提供經驗的顧問，這本身是好事，問題在於不同的人經驗當然也各有不同，所說的事情當然不一樣，而且資訊良莠不齊，究竟該相信哪個實在難以分辨。那麼，這樣的時候我們究竟該怎麼判斷才好呢？

這時候，能供參考的是笛卡兒的「我思，故我在」，拉丁文是「Cogito, ergo sum」。笛卡兒關在自己的房間苦思冥想，從而得到這句名言。

那麼，「我思，故我在」究竟是什麼意思呢？一言以蔽之，就是對一切事物雖然都要抱持懷疑，唯有我此刻正在思考的這個事實不容懷疑。從這裡導出自我意識的確實性。因此，笛卡兒這句話，不正是可以作為我們從氾濫的意見或資訊中，判斷事物的方法來使用嗎？也就是說，**首先要懷疑一切前提與可能性，最後根據留下的自我意識，仔細思考而做出判斷。**

當然這麼做的前提需要某個程度的經驗，但這和以判斷時的經驗為根據來推論不同。在排除經驗論這個部分，笛卡兒有其獨特性，在思考時捨棄經驗，純粹以邏輯思考，若是能做到這一點，就無比強大，不需要依賴旁人，只需相信自己，就可以不會有所迷失地做出判斷。

人不過是一根蘆葦，是自然界最脆弱的東西；但他是一根能思考的蘆葦。

（巴斯卡《沉思錄》）

超譯 **人類確實很脆弱，但是因為能思考，因此無比強韌。**

人類究竟是脆弱？還是強大？我們確實有時會因小事而沮喪，但另一方面，我們也會動腦解決問題，具有能夠重新振作的強韌。能夠一針見血表現這個人類特質的，就是巴斯卡說的這句「人是思考的蘆葦」。

蘆葦是很容易折斷，相當脆弱的植物。只要風一吹就會折斷，所以和人類脆弱這一點是相同特質。然而，人類與蘆葦不同的是，人類懂得深度思考。思考是人類才有的行為，反過來說，也是因為會思考，人類才會一天到晚想東想西，有這麼多煩惱。

然而，人類卻絕對不會拋下或逃避煩惱，而是用腦袋思考，設法努力面對，人類在這一方面很堅強。雖然我們會感歎自身的脆弱或悲慘，但會這麼想，正是我們比植物和其他動物更偉大的地方。

原本巴斯卡就不認為人們只是如同機械般，能夠以理性計算。反而有別於機械，應當著眼於纖細、複雜的一面。比方說，人類即使在客觀來說相同的狀況下，也會因為意識的不同而採取不同的行為。以巴斯卡舉的例子來說，當人類視線被阻斷而看不見懸崖時，就會毫無掛慮向懸崖跑去。

有時當想像過度膨脹，反而會使我們動彈不得，這種情況下，想像力可以說是我們的敵人。過於低估事物或過度高估事物，可以說都是想像作祟。因為實際狀況根本沒有改變，只是我們在自己的腦子裡任意縮小或放大而自找麻煩，實在是很愚蠢。

現實就像這樣，巴斯卡一方面對人類的思考能力給予最大的重視，一方面又必須踩住剎車。有些時候，相信可能比思考更重要。

人類的知識與力量是一體的。不明就裡就無法產生成果。

（培根《新工具》）

超譯 **人們透過獲得知識而取得克服問題的力量，因為如果不了解原因，就無法分析結果。**

對商務人士而言，說有關業務的知識等於工作本身也不算言過其實。知識就是如此重要。針對這一點，培根可以說是重視知識修養而聞名的思想家，從他說的「人類的知識與力量是一體的。不明就裡就無法產生成果」這句話就足以證明。

那麼，培根是以什麼樣的方式修得知識呢？基本上，他認為要採取把個別現象一步一步階段性深思的方法。這個方法一般稱為歸納法。慎重度和實證性才是重點。

培根認為進行歸納法時，人必須排除容易有的預設立場及偏見，他稱為「偶像」（Idola）。的確，要是抱著預設立場和偏見，就無法獲得正確的知識。

培根把偶像分為四個種類說明，第一種是「種族偶像」，指的是人類特有的種族偏見。人類受先入為主的成見擺布、被情感左右，以致無法如實掌握事物原貌；第二種是「洞穴偶像」，這是指受教育、習慣影響，個人持有的既定狹隘偏見，就像進入洞穴般，受到學過的學問及思考形成的偏見；第三種是「市場偶像」，這是指受到市場上充斥的流言所迷惑，因為言語氾濫而引起的偏見；第四種是「劇場偶像」，這是指因為哲學形形色色的學說或謬誤論證規則而產生的偏見，也稱為「學說偶像」，在劇場中各種不同的角色登場，演出虛構的戲劇，就是和這種狀況一樣。所以我們必須自己學會確認，知識才能成為力量。

人生下來其心智如同白板，沒有觀念。

（洛克《人類悟性論》）

超譯 **經驗才能使心靈茁壯！**

人為什麼會成長？為我們解開這個問題提示的是洛克這句話——「人生下來其心智如同白板，沒有觀念」。這句話是在說明經驗的重要性。

洛克試圖去探尋，人們究竟對事物有多少認識。首先他批判和自己的想法南轅北轍的先天觀念論。先天觀念論是由笛卡兒等人所主張，認為人與生俱來就擁有觀念，是當時歐洲的主流思想。

洛克果敢地向這樣的主流思想挑戰，亦即否定人類不可能具備與生俱來的觀念，否定先天觀念，洛克主張剛出生的人只擁有一張如同白紙的心智，他把這白紙般的心稱為「白板」（tabula rasa）。拉丁文原意是光滑空白的書寫板。

據洛克的想法，所謂的觀念，是因為外部事物刺激我們的感官，給予白紙般的心智某個印象而產生，而這就是經驗。實際上，當受到視覺、嗅覺等感官刺激，我們就會在腦中開始思考，這個結果被大腦記憶下來，而某個經驗和其他經驗的結合，形成更高度的經驗。

洛克被稱為英國經驗主義的完成者，就是因為他讓我們了解，透過以上的過程，人的觀念也就是認知於焉產生，並非與生俱來。

人類就像這樣透過經驗累積，成長為更具知識的人。因此，經驗非常重要，經驗才能使我們更強壯。相反的，若是恐懼經驗，則永遠都無法成長。

你的意志準則應當永遠符合所有人都能接受的一條普遍法則。

（康德《實踐理性批判》）

超譯

你應當時常以所有人都同意的標準去行動！

人都有欲望，當然時常會感受到誘惑。問題在於我們不能因此就向欲望屈服，所以大家才會這麼辛苦。這種時刻，希望你能夠回想起康德這句話——「你的意志準則應當永遠符合所有人都能接受的一條普遍法則」。

簡單說來，就是你的行為必須是所有人一致同意的標準。以康德的觀念來說，他認為正確行善是人類的義務，因此，不該附帶任何條件。有利益才做是很荒謬的，康德把附帶條件的命令，稱為「假言令式」。

康德所追求的，是沒有附帶任何條件的行為，單純以「應當如此……」的句式呈現，像這樣嚴格的要求，不帶任何條件的命令，稱為「定言令式」。即使認為正確的事，規範成義務，無條件去達成，光是自己認為正確也沒有意義。因為有人是以自己的主觀來訂定標準，所以康德才會說必須先求所有人的標準一致，才能符合無條件地「應當如此……」的命令。那麼，是不是所有人都同意的情況下，就能保證是正確無誤的標準呢？就這一點，康德認為不應把人視為手段，而是視為目的，就不會有錯，換句話說就是尊重人格。

康德之所以這麼重視人格，是因為人擁有自由。這時候的自由，指的是自己有自律的自由。動物沒有這樣的自由。然而，**人可以自由克制自身的欲望。即使可以偷盜，卻不會行使自由去偷盜。**這是人類了不起的地方。換句話說，不被條件左右，總之執行「應當如此……」的絕對要求，是因為人類具有這個意志的自律能力。能夠有所選擇卻屈服於誘惑或欲望，就失去身為商務人士的資格。

凡是合乎理性的事物都屬於現實；而屬於現實的事物都合乎理性。

（黑格爾《法哲學原理》）

超譯 **努力讓理想和現實兼容並蓄！**

該追求理想？還是該向現實妥協？我們時常得面對這兩個極端的問題。因此，當不知如何判斷時，可供參考的就是黑格爾這句名言——「凡是合乎理性的事物都屬於現實；而屬於現實的事物都合乎理性。」黑格爾把理性認為是理想性的東西，所以我們應當可以把這句話中的理性解讀為理想。這麼一來，這句話的意思就可以說成「理想應該成為現實；現實應該以理想為目標」。

事實上，黑格爾為了追求自由與現實，不惜與當時和國王支配下保守體系的普魯士王國（現在的德國）對抗，期盼打造一個理想社會。但是，理想與現實時常背道而馳，兩者間分隔的溝渠不是那麼容易填補，因此人們才逐漸往現實靠攏，最後向現實妥協，但黑格爾認為不應該如此。

他主張應該努力追求兩者達到一致。也就是說，如果放棄理想而向現實靠攏，就無法使兩者達到一致性，這只是捨棄理想，然而，若只是一味地追求理想，也只是無視現實，有勇無謀的態度。

黑格爾的主張既不是向現實妥協，也不是只顧理想，而是**努力讓理想和現實朝一致的方向移動，找出解決之道。**黑格爾所謂的理想與現實的一致，是透過開始努力就有機會達成。

這樣就是致力於眼前微不足道的工作時，也要時時謹記自己追求的是更遠大的目標。重要的是讓兩者往同一方向前進而努力。這句名言不是只適用在想做大事的人身上，我認為適用於所有身處理想與現實夾縫中苦惱的人。想異動到其他部門的人、想跳槽到待遇更優渥的公司、未來想自行創業的人都是如此不是嗎？事實上，扭轉人生的人一定都是全力以赴的人。

一切事物除了遊戲之外無以名之。

（維根斯坦《哲學研究》）

超譯 **言語要先掌握對話脈絡才具有意義。**

在商場上的糾紛中，最多的就是起因於言語。因此，我想介紹維根斯坦這句名言——「事物除了遊戲之外無以名之」。維根斯坦最初主張哲學是只要分析言語意義，就能得到答案。然而問題在於當人們聽到言語時，會以各種不同形式來解讀。

維根斯坦發現這一點以後改變想法。並且把因應脈絡而產生差異的言語多樣使用方法，稱為「語言遊戲」。在日常生活中我們正是以言語交流，進行解釋意義的遊戲。本文開頭的這句話正是這個意思。

進行遊戲時，會因場所或狀況而有不同規則。言語活動正是因為生活中的各個不同場面而決定的事物。反過來說，和言語相關的規則絕不會只有一項，而是因應場所而改變。然而，我們不會熟知一切規則。而是心中揣測可能是這樣的規則吧，在當下的情況以形成默契的形式，使用彼此認為共通的規則。

雖說言語交流是遊戲，但不用說，制定規則者，在遊戲戰場上必定較占優勢。**因此應當事先掌握該情境下可能使用的規則，並且充分理解脈絡及運用話語，這麼一來，必定能成為言語交流的高手。**

在公司也是同樣道理，務必充分理解業界專門用語或職場上的語言如何使用。語言是活的，微妙的環境差異就會產生微妙的語意差異。因此，必須確實聆聽他人說些什麼，仔細聆聽、適切合應。這樣才可以說是商場上需要的溝通方式。

認識自己的無知就是最大的智慧。

（柏拉圖《蘇格拉底自辯篇》）

超譯 **能坦承自己不懂的人，比不懂裝懂的人更聰明。**

誰都不想丟臉，所以總是會不懂裝懂。然而，再也沒有比不懂裝懂而被拆穿時更尷尬的了。何況，不懂裝懂還有另一個重大問題，那就是會錯過了解新知的機會，要是當場不問，之後很難再有查詢的機會，於是就會重複同樣的失敗。

事實上最早指出這一點的，就是公認哲學發端的蘇格拉底，而一語道破這個道理的，就是他說：「認識自己的無知就是最大的智慧。」

原本蘇格拉底並不是一個學問淵博的人，他不過是一個平凡無奇的中年大叔。這樣的他為什麼會成為哲學家呢？那是因為有一天，他透過朋友的轉述而聽到神諭，內容竟然是「沒有比蘇格拉底更聰明的智者」。

蘇格拉底為了確認神諭是否為真，四處去問被稱作智者的人。然而，這些被稱作智者的人，其實只不懂裝懂，一旦打破砂鍋問到底，他們都窮於回答。

蘇格拉底因此領悟，與其不懂裝懂，索性坦白承認自己的無知，反而能增加了解更多新知識的機會，這就是「無知之知」。蘇格拉底從此開始走遍大街小巷，不斷向人們提出問題。

蘇格拉底採取的這種探尋哲學的方式，稱為「問答法」或「助產術」。透過不斷提問，有如幫助嬰兒出生般，協助對方自行找出答案。因為他深信為了避免不懂裝懂而關上了真理的門扉，只能窮追不捨提問來敲開真理的大門，才能活得更好。

人生而自由，卻無往不在枷鎖中。

（盧梭《社會契約論》）

超譯 **因為人原本就是自由的，應當更加活用我們的自由！**

商務人士總是很容易認為政治是另一個世界的事，雖然因為工作忙碌或許是不得已，但千萬別忘了自己是有權利的一個人。這時候可供參考的，就是盧梭的這句「人生而自由，卻無往不在枷鎖中」。

這是他的《社會契約論》中最初出現的一句話。所謂社會契約論，指的是社會應當基於國民契約而建立。盧梭先從抨擊現行社會秩序不合理性開始，清楚表現這個理念的，就是前面說的這句話。亦即人類原本應該是自由的，卻因為過著社會生活，所以被迫變得不自由，為了改變這個狀況，人們試圖重建新的社會秩序。

但話說回來，每個人的想法千差萬別，究竟該怎麼做，才能統整一致呢？盧梭認為有一種全員共通的「共同意志」，這和單純將每個人個別意志加總而成的「全體意志」完全不同，因為全體意志只是反映最大公約數的意見。

要找出公眾看法一致的共同意志，當然必須透過討論，因此盧梭主張實現直接民主制，也就是公眾基於共同意志參與政治。原本為了實現共同意志，就需要如我們的手腳般執行活動的政府。

因此**政府不過是受人民所用的機關**而已。然而現實生活中卻讓我們覺得國民受政府控制，這是因為國民放棄政治的緣故。

如果沒有表達自己的意見就無法形成共同意志，這麼一來，就不可能體現由人民主導的政治，因此所有人都應該表達自己的意見。

我們在不知不覺間，在心中形成該做什麼或該迴避什麼才適當的一般準則。

（亞當．史密斯《道德情感論》）

超譯 **人在不知不覺間會去做能有同情共感的行為。**

我們究竟是以什麼樣的標準來做出行為呢？告訴我們這個答案的，是亞當．史密斯這句話——「我們在不知不覺間，在心中形成該做什麼或該迴避什麼才適當的一般準則。」

也就是說，史密斯認為，人在與生俱來的「利己」天性的同時，也是能夠為對方設身處地著想的動物，也就是所謂「同情共感」（sympathy）。的確，我們不論自己的行為或他人的行為，在判斷適當與否時，都是以能否感同身受為標準。所謂的同情共感，就是在心中想像自己在同樣處境時的情感。

話雖這麼說，再怎麼試圖感同身受，仍然會有自以為是下判斷，產生獨斷的狀況，因此史密斯認為必須透過自我內心的第三者，亦即「公平的觀察者」來判斷。當然，實際上並不存在著這樣的觀察者，這只是理論上的設想。但是，透過這樣的客觀角度意識是很重要的。我們就是透過這樣的公平觀察者來形成一般準則而進行判斷。

另外，同情共感的概念，也具有把人導至更好方向的效果。人都會想避免他人責備，並且傾向去做讓他人稱讚的行為。在公司也是相同的，覺得有人在看，就會去做好的行為，也會繼續去努力。結果，正確行為的判斷準則全在自己內心形成，但這些是因為先從意識到他人才形成的標準。

所以有必要仔細觀察周圍的人，這時候顧名思義，你成為觀察者，然後看清楚大家會怎麼判斷。因為好壞判斷的標準隨不同場所而改變，所以這個觀察非常重要。如果能依照大家都有同感的準則來採取行動，應當就不至於失敗了不是嗎？

絕望就像被致死的病糾纏。你瀕臨痛苦的深淵，卻求死不得。

（齊克果《致死之病》）

超譯 **絕望雖然處於瀕臨死亡的狀態，但置身於這樣的處境時仍有希望。**

正感到絕望的人，請你仔細思考這一節開頭齊克果的名言。齊克果說人無法從絕望中逃離。話雖這麼說，他並不是說等在絕望終點最後的就是死亡。齊克果的主張反倒是絕望的苦惱令人求死不得。在令人痛苦得感到生不如死之際，卻死不了。

人確實會在面臨死亡的最後關頭希望活下去。因此，覺得死亡是最大威脅時，反而會一心求生，或許可以說是絕望存在的一種矛盾。

那麼，為什麼人會感到絕望呢？齊克果提出了所謂「絕望的定理」理論。首先，人們會厭惡自己，有時會想要脫離這樣的狀況，但並不是因此就放棄而尋死，因為人的心中有神的存在。神是最後的一塊堡壘，所以能令人們在懷著絕望中仍然想要活下去。

因此齊克果才會說絕望是「致死之病」。但並不是令人死亡，而是一個「死不了」的疾病。齊克果在論述絕望的同時，卻訴求積極活下去的觀念。可以說他的哲學其實是提倡自主開拓人生的存在主義先鋒。

證據就是齊克果宣言主體性的真理。在喪失主體性的狀態就是絕望。而為了再次找回主體性，人會不斷掙扎下去，可以說絕望的反面正是希望。

存在先於本質。

（沙特《存在主義是一種人道主義》）

超譯 **自己的人生能自己決定！**

人生是可以轉變的嗎？沙特正是面對這個提問的人物，他主張存在主義，說「存在先於本質」。這裡的存在指的就是自己的存在，本質則是指命運。亦即人類絕對不是受到某種既有本質支配的存在，而是應該親手開創命運的存在。

沙特以拆信刀為例來說明這個概念。拆信刀的製作方式及用途是預先決定好的，所以不可能改變它的命運，因此在這個情況下，先有拆信刀的本質，然後才有拆信刀的存在。但人類的情況一開始處於什麼都不是的存在，後來才成為人，並且是成為自己打造的樣子。

沙特出生時的二十世紀，社會越趨複雜，同時也是國家力量越趨強大的時代。人們開始感受到個人的力量沒有任何意義的無力感，因而沙特才會企圖探尋個人的可能性。

因此，所謂存在先於本質，是現在存在這裡的自己，才是決定世界應有模樣的宣言。**我們的人生不是由世界決定，而是由我們自己決定。**

話雖這麼說，現實當中有各式各樣的制約，我們不是國王，不可能任何事都能立刻隨心所欲。沙特也主張人應當在所置身的處境中，持續糾葛。

在公司當中不也充滿了令人無奈的事情嗎？尤其年輕時更有深刻感受。然而，就如同沙特所主張的，人們不應該忍氣吞聲地忍耐這個狀況，我們有「介入」（engagement）的權利及力量，就這個意義而言，自己的人生可以由自己決定。

每個人都是看著自己眼前，而我則看著自己的內在。

（蒙田《隨筆集》）

超譯 **不要光說不練，重新審視自己的內心。**

人是很容易會錯意的動物。一被誇獎就得意忘形，稍微順利一點就以為凡事都能一帆風順。因此有必要徹底看清自己的能力。敏銳地指出這一點的，是哲學家蒙田。他在著作《隨筆集》中說：「每個人都是看著自己眼前，而我則看著自己的內在。」本書原書名 *Essais*，原本來自法文意為「嘗試」的 essayer，現在則為隨筆之意，蒙田或許可以說是隨筆作家元祖。

他當時因為目睹法國發生的宗教戰爭慘況，對於人的理性抱著不信任感。也是說，就是因為人類總以為自己無所不知，只有自己才是正確的，才會發生這些紛爭，因此蒙田藉著自問「我知道什麼？」主張懷疑論。這時候，不是尋求自己以外的知識，而是徹底直視自己的內心。也就是呼籲：「不要光說不練，重新審視自己的內心！」

根據蒙田對人類的定義，人是驚人地空虛、多樣且多變的存在。因此，**當人沒有目標時會產生很大的問題。也就是像毫無阻攔的風，靈魂將迷失在自我當中，消失在茫茫的空間。**所以蒙田主張一定要給靈魂一個可供勇往直前的目標。

人就是一種如此容易動搖的存在。所以動不動就會錯意。但是，有防範的方式。那就是像蒙田說的，要清楚看穿自己，就如前面的說明，確實訂定目標，然後朝著目標邁進，否則我們就容易隨風起舞、任人擺布。

媒體即訊息。

（麥克魯漢《認識媒體：人的延伸》）

超譯　透過不同媒體，訊息跟著變化！

隨著科技的進步，媒體也不斷推陳出新。智慧型手機、平板電腦，甚至近來的穿戴式電腦等不斷登場。因此，我們的生活自然也發生劇烈變化。對這一現象提出銳利批評的，是加拿大文明批評家，媒體論先驅者麥克魯漢。

我們在與之和平共存的同時，也有必要確實注意新媒體帶來的優點及缺失的一面，所以我們需要確實理解各個媒體的特性。

這一點我們可以參考「媒體即訊息」這句話。這句話指的是隨著媒體形式的不同，傳達的訊息也會有所改變，就如同手寫的信和電子郵件，即使同樣內容，語意也會改變。因此，麥克魯漢就媒體的品質或解析度為基準，以熱或冷來分類各種不同的媒體。

被歸類為熱媒體的有照片、電影、印刷品和收音機。這些媒體的特色是高度精細、能提供的資訊量大，以及接收者能補充的很少、參與度低；相對的，歸類於冷媒體包括電話、電視等。這些媒體精細度低；能提供的資訊量少，來自接收者補充的很多，參與度很高。

高精細度且資訊量多，及低精細度且資訊量少的差異，以書籍和電視相較應當就能了解。另外，接收者能補充及參與度的問題，則要視人們了解的程度。比方說演講是熱媒體，而座談會則是冷媒體。

這裡要談的並不是熱媒體或冷媒體哪個比較好的問題，重要的是如何根據用途加以利用。好好運用不同媒體的特性，有時運用熱媒體，有時則運用冷媒體，是商務人士必要的能力。

使工作變得有趣的因素主要有兩個：一是技能的運用，二是建設性。

（羅素《幸福論》）

超譯 **透過磨練技術與製造出事物，工作就會充滿樂趣。**

羅素這句名言出自他的著作《幸福論》。羅素的幸福論是先分析不幸的原因，然後論述能夠變得幸福的方法，不論哪一項都是基於羅素的自身經驗。

實際上羅素在童年時曾感受到不幸，他甚至曾經想過自殺，卻是因為遇見數學及哲學而產生轉變。透過他自身的經驗，最後他提供的建議，是走出自己的世界，放眼於外界。

他把這個建議稱為客觀地活下去。這不是單純改變意識，而是意味著實際採取行動的重要性。也就是透過行動來獲得幸福。

他相當熱切地說明保有興趣的優點，同時提出讓工作更有樂趣的獨特提案。因為他認為只要讓工作變得有趣，就能變得幸福。因為一天當中多數的時間都花在工作上。

磨練技術並不一定僅限於技術人員，簡單說就是提升能力。所以不論提升計算能力、閱讀或書寫文章能力、議論能力等都是磨練技術。光是多少提升每天業務所必要的能力，就能擁有翌日確認成長的喜悅。

所謂的建設，就像我們會說成建設性一樣，並不是限於打造建築物，而是全面性地指創造事物，工作產生某些成果。這樣的成果就如同自己設計的建築物般。

不論技術提升或建設性，都是只需稍微改變觀點的問題。這麼一來，工作就能更愉快，若是變得幸福就能獲利，請你務必試試看如何？

工具 5

相關知識

加分「相關知識」：
宗教、倫理、日本思想

工具五我想介紹西方哲學以外的相關知識——宗教、倫理及日本的思想。三者都和前面介紹過的西方哲學有密切關係，也是在國際商務上會頻繁談論的事項。

與宗教相關的必要知識

在從事國際商務時，就某個意義而言，宗教知識比西方哲學知識更重要。只因為不懂伊斯蘭教的戒律而遭到排擠的狀況新聞時常可見，所以正確的理解是不可或缺的。

首先必須記住世界的主要宗教，其中最大的宗教是基督教，全世界約占三成以上的信徒。基督教根源於猶太教，由拿撒勒人耶穌創設，由於成為羅馬帝國的國教，發展成世界宗教。

基督教現在雖然分為多個宗派，主要的核心是天主教與基督新教。天主教是自古存在，以教皇為中心的一個組織，十六世紀經過馬丁．路德的改革，誕生了基督新教。

因此，基督新教由馬丁・路德揭示「因信稱義」、「聖經主義」、「萬人司祭主義」這三個特徵。亦即相對於重視形式的天主教，更重視內在的信仰。

順便一提，雖然人數較少，但基督教根源的猶太教，目前仍在世界上占有重要意義。歷經苦難的歷史最後，建立以色列的猶太教人們，對世界經濟也造成極大的影響力。就這個意義而言，對於美國政治也形成影響力。

當然，對於世界經濟及政治造成影響力這一點，基督教的其次，現在最應重視的就是伊斯蘭教了吧？全世界人口約占兩成信徒，亦即五人中就有一人是伊斯蘭教的信徒。以教派來說，勢力最大的是遜尼派（或稱素尼派），以及與其對立的什葉派。所謂伊斯蘭，原本有絕對服從之意。一如其名，是信仰唯一的真神阿拉的一神教。儘管是在七世紀才誕生，相對之下較新的宗教，但仍發展為世界各地都有信徒的世界性宗教。

伊斯蘭教以戒律嚴格而聞名，尤其是食物禁忌更有必要注意，全球商務場合上經常引發的糾紛源頭。過去曾有某種化學調味料，由於使用伊斯蘭教禁忌的豬肉成分而引起大問題。酒精基本上也不行。日本近來符合伊斯蘭教規條可食用的食物的「清真認證」菜單或餐廳也逐漸增加。

另外，服裝也有嚴格的規定，女性一定要穿著從肩膀到腳包裹得嚴嚴實實的罩袍，歐洲某些國家禁止婦女在公共場合穿戴伊斯蘭教蒙面布卡（burga）罩袍的法令引起極大爭議。由於連男性也禁止露出肚臍以下膝蓋以上的部位，所以日本漫畫《蠟筆小新》露出屁股也形成問題。

有關伊斯蘭教還有一點不能不知道的是，與恐怖攻擊的關係。由於一些伊斯蘭教激進分子發動恐怖攻擊，很容易導致對穆斯林整體的偏見，但其實那只是一部分的穆斯林，這一點務必要注意。另外，也要注意有關表現自由的問題，可能形成伊斯蘭教和西歐社會的摩擦原因。例如伊斯蘭教禁止偶像崇拜，禁止繪製先知穆罕默德的圖像。但相對的，西歐社會因為

世界主要宗教

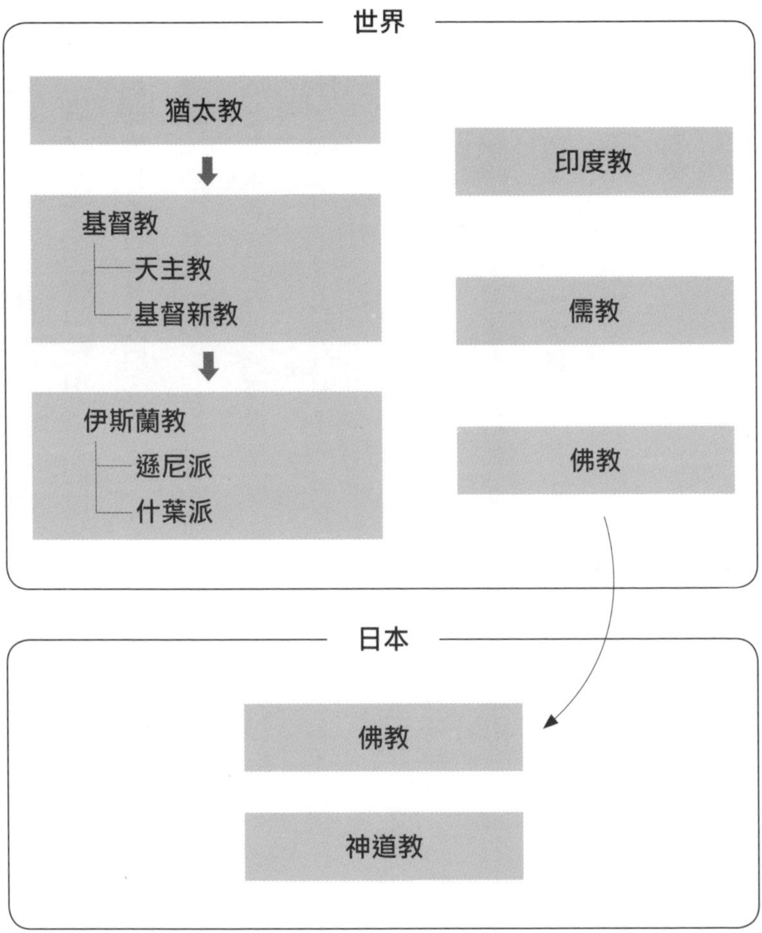

表現的自由，出版物品刊載諷刺圖畫而再三引發問題，這是個人也必須注意的問題。缺乏基本知識很可能引起大問題。

其次是印度教，占世界人口一成以上。印度教在印度是信徒人數最多的宗教。事實上，「Hindu」指的是印度多種信仰的總稱。佛教雖然也是佛陀在印度創始的宗教，現在擴展至東南亞，信徒占世界人口的百分之六左右。六世紀正式傳至日本以後，成為日本的主要宗教，目標是透過開悟而脫離痛苦。

雖然信徒人數銳減，但歷史淵源與日本很深的是佛教及儒教。佛教是佛陀在印度開創的宗教，主要大分為經由中國及朝鮮半島傳到日本的大乘佛教，及傳至東南亞的上座部佛教。在日本從奈良時期到鎌倉時期發展為日本特有的佛教，尤其是禪宗，在海外以「ＺＥＮ」一詞聞名，接近瑜伽般的感覺被廣為接受。

儒教是以孔子開始的儒學為根源，在日本於江戶時期作為朱子學透過幕府而被接受。二次大戰前重視忠孝的儒教精神帶給教育極大影響，但現代日本可以說儒教精神早已荒廢殆盡了吧？

身為日本人不可不知的是神道方面的基礎知識。神道原本奠基於自然崇拜的多神教，特徵是透過儀式與神祇相通，除了是地方守護神，也如同戰前國家神道象徵般，成為國家祭祀，守護整個國家。

日本人在過年時到神社參拜，盂蘭盆節、葬禮以佛教儀式舉行，聖誕節到教會等行為而受到揶揄。日本以外的國家可能難以了解這樣的行為，不執著於特定宗教的世俗態度，反過來看，可以說象徵日本人對異質事物的寬容。因此，沒有必要膽怯，在國際舞台上也抱著自信面對其他宗教就行了。

有關守護整體國家的神道，戰後國家神道解體，現在仍存留一些問題。比方說內閣官員到靖國神社參拜等政教分離問題也成為爭論焦點。

有關這個問題，由於牽涉到與中國、韓國之間的歷史認知差異，可能需要就不同國際次元的層次來理解。

與倫理相關的必要知識

倫理是一個範圍寬廣的概念，實際上難以確認究竟什麼才是必要的。高中時我們雖然學過「倫理」這個科目，但內容集中在西方哲學、日本思想、宗教及心理學。原本所謂的倫理，就是指正確的行為規範，就這個意義而言，在國際商務上可以說是不可或缺的知識。

我想這裡先記住三種思考方式後，介紹稱作應用倫理的現代課題倫理應用。

首先是時常被用來作對比的效益主義及康德的義務論。主張功效益主義的，是英國的思想家傑瑞米．邊沁。我在其他單元也介紹過，所謂效益主義，就是對於某個行為的善惡判斷，以是否能帶來幸福或快樂為標準的倫理觀念。並且認為幸福及快樂的量越多越好。

把這個原理運用在社會當中，所謂對社會有益的行為，構成要素的個人幸福及快樂加總，更擴大的行為。這就是名言「最大多數的最大幸福」所要說明的內容。

根據這句名言，就可以明白：為了讓社會利益最大化，能讓多數人幸福的行為比只是少數人幸福更為理想。另外，要是這個幸福更擴大，就盡可能要做到相應的行為。

這麼一來，淪為不幸的少數人就會被忽略，乍看之下很過分，但實際上我們的社會就是基於功利主義設計。例如，即使明知交通事故造成每年會出現許多傷亡人數，我們仍然以便利性為優先，繼續汽車社會的運作。

但是，相對於邊沁站在重視衡量幸福、快樂的量的立場，也有人批判這是高貴快樂與低賤快樂不分的豬的學說。因此英國的政治哲學家約翰・史都華・彌爾異於邊沁，更重視幸福及快樂的「質」。

這個想法既發揮了效益主義的優點，也顧及人的個性。效益主義就再也不是豬的學說，彌爾表示：「與其當一隻滿足的豬，不如當一個不滿足的人；與其當一個滿足的傻子，倒不如當一個不滿足的蘇格拉底。」

與這樣的效益主義對抗的哲學，是康德的義務論。康德以「應當如此……」的句式，表達人有義務無條件去履行正確的行為，這就是所謂的「定言令式」，這與行為受條件左右的「如果……就……」的「假言令式」是完全相反的態度。

定言令式的公式是「你的意志準則應當永遠符合所有人都能接受的一條普遍法則」。這意味著我們的行為準則，必須基於不管由誰來做，都不會出現問題或矛盾的原則。

這是因為道德絕不能因為條件而改變。好比說，如果因為致富就改變道德標準豈不是很奇怪？也就是說，康德認為任何時候都應該遵守「不說謊」、「見義勇為」等道德行為。

問題是即使根據這個原則，也無法連行為內容到底什麼才正確都能確定，因此康德提出「不是把人當作手段，而是當作目的」的內容公式。

也就是說，只要尊重人的人格，作為道德原理就絕對是正確的。因為人有別於動物，即使沒有受到強制也能自律，就是因為自律性而展現意志的自由，能夠具備這種意志自由的人，就是應當尊重、無可取代的存在。

其次要介紹的是與這兩大倫理呈對抗形式，受到注目的第三倫理——德性倫理學。

所謂德性倫理學，是對於有德性者在採取行動時，要求行為選擇基準的思考方式。這個情況下，每一個人透過陶冶德性，就能採取和有德性者相同的行為。

那麼，該怎麼做才會養成德性呢？

亞里斯多德認為可以透過習慣養成，也就是在共同體中，藉由每天的生活實踐學會什麼是正確的，我們就能成為有德之人。

像這樣不是以行為、結果，而是對人的性格本身要求倫理的根據，可

倫理的體系

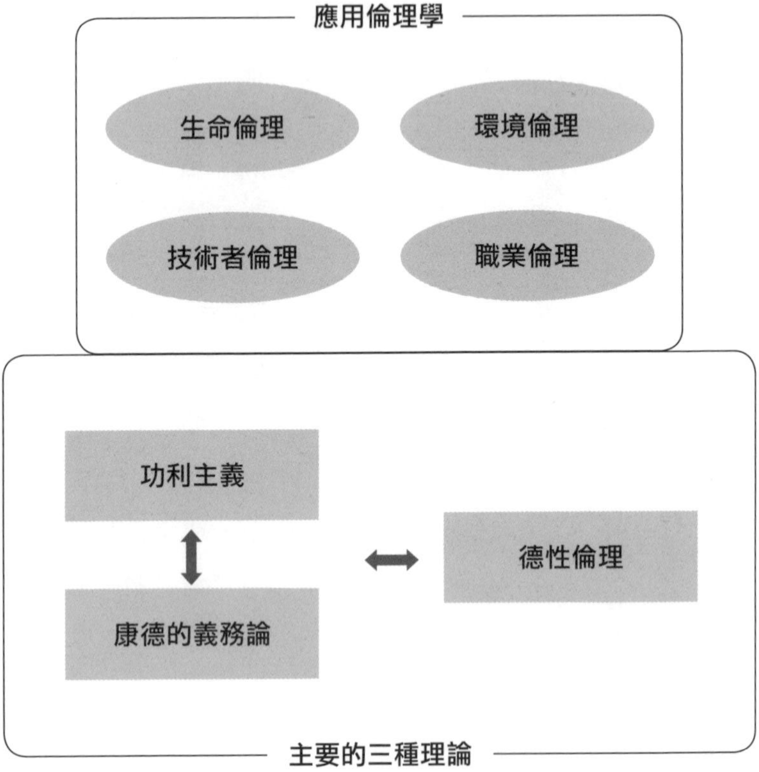
應用倫理學
生命倫理
環境倫理
技術者倫理
職業倫理
功利主義
康德的義務論
德性倫理
主要的三種理論

說是德性倫理學的特徵。

最後，談一下有關應用倫理學的內容。

所謂應用倫理學，顧名思義，是將過去的倫理學運用於現代問題的學問。就具體的領域來看，有生命倫理、環境倫理、技術者倫理，以及職業倫理等各種不同的領域。

這些不同領域的共通點，都是在應用前面敘述過的古希臘以來的西方哲學同時，加上新規範而訂定。

比方說環境倫理領域，提倡超越以人類為中心思想的深層生態學概念，以及超越世代互相分享世代之間倫理的概念。

又比方說在技術者倫理的領域，今後我們人類面臨的問題，將會充滿隨著科技進化的比例而發生的未知事物吧？就像ＡＩ象徵般，有關新倫理的議論將不斷持續衍生。

與日本思想相關的必要知識

有關日本思想，了解歷史上神道、佛教、儒學、國學，及狹義的明治以後日本哲學、啟蒙思想、戰後民主主義變遷事實，尤其是狹義的日本哲學有必要確實學習。雖然並不是每個國家的人都具備有關日本思想的知識，但既然身為日本人，活躍於國際舞台之際，日本思想就是不能不知道的知識。

但話說回來，有關神道、佛教、儒學、國學，在學習日本史之際也學習得很詳盡，所以應當還算熟悉。相較之下，狹義的日本哲學則沒什麼學習機會，因此我想以日本哲學為主加以說明。

狹義的日本哲學也就是指京都學派。以創立者西田幾多郎「無的哲學」為代表，和西方「有的哲學」呈對照性的思想。就這層意義而言，作為超越西方價值界限嘗試可以說是有效的。

另外，雖然不屬於京都學派，有必要了解同時代哲學的和辻哲郎倫理學，尤其透過他的著作《倫理學》，是建立稱為「和辻倫理學」的獨特倫理學體系的人物，這是超越西方哲學，著眼於「間柄」的人與人之間的關係，以及「風土」的日本特有思想，亦即相對於西方哲學正確性界限的另類思維，就是和辻的哲學思想。

不過，我把神道及佛教之後，包括近現代傳入日本的西方思想，統稱為「日本哲學」。一般都是稱為日本思想，之所以使用特殊的稱呼，是有原因的。

日本於明治時期西周把「philosophy」譯為「哲學」後，習慣上從西方傳入的哲學研究被稱為日本哲學。然而，中國及印度也把很久以前，本國的思考稱為哲學，為什麼只有日本自虐性地把西方傳來的「哲學」視為西方特有的產物呢？其中根本沒有任何依據。

當然，日本的情況，神道、佛教、儒學、國學、西方輸入的各種思想、

日本思想

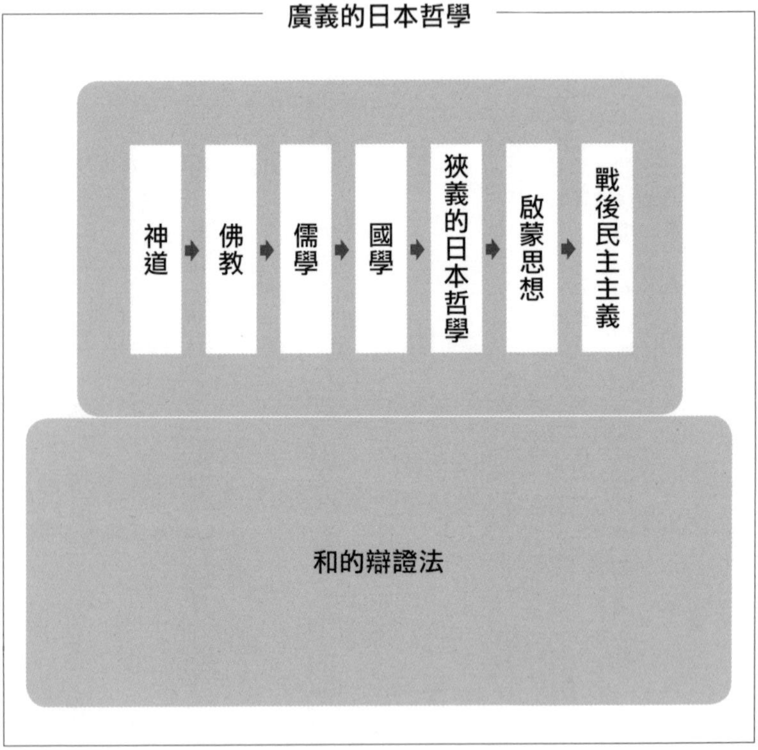

廣義的日本哲學
神道
佛教
儒學
國學
狹義的日本哲學
啟蒙思想
戰後民主主義
和的辯證法

狹義的日本哲學等，實在是太零散了，有人可能會批評無法統括在一起。但是，如果都視作是日本歷史上接受的日本思想，應該可找出某些共通點及一貫性。

因此，我注目的是「和的辯證法」概念。所謂的辯證法，是根據德國近代哲學家黑格爾提出的理論，對某件事的「正（命題）」把衍生的，不是以割捨的方式，而是尋求更完美的解決方法「合（合題）」。

一旦運用這個理論，日本的情況通常是把外來思想以「反」來處理，產生嶄新的哲學「合」。為什麼會發生這樣的狀況呢？這是因為日本人是追求「和」的民族，即使偏好外來思想，也要以調和方式來呈現的精神，不就符合「和的辯證法」嗎？就這個意義來看日本哲學，正是貫徹「和」的強韌思想，因此可說是相對於西方哲學正確性的另類思維。

工具 6

人物

應該鎖定的「重要人物」

工具六單元中，簡單介紹大約二十位重要人物。

蘇格拉底（約西元前469～399）

古希臘哲學家。窮追不捨地對被稱為「sophist」的詭辯家提問，體悟出「無知之知」，也就是對於不知道的事物，應該抱著謙虛的態度。為了探究真理的這個提問方式，被稱為「問答法」，後來成為研究哲學的基本模式。

晚年被判定褻瀆國家使得年輕人墮落的罪名，被宣判死刑。探究「活得正當」的思想，在柏拉圖的《蘇格拉底自辯篇》等書中可以得知。

重點

- 提到哲學的代名詞，就會出現他的名字。
- 在提到對話方式時，他使用的問答法，有時會成為話題。

柏拉圖（西元前427～347）

古希臘哲學家，遇見蘇格拉底後，成為他的弟子。於四十歲時設立柏拉圖學院，在思想方面，相對於現實世界，主張存在著理想世界的理型界。就這個意義來看，柏拉圖被視作理想主義者。

另一方面，他提出基於四元德的政治理念，主張具哲學思想的人來統治的哲人政治（哲人王）的理想國家論而聞名。著作包括《蘇格拉底自辯篇》、《饗宴篇》、《理想國》等。

重點

- 經常被用來作為理想主義者的代名詞。
- 想強調與民主主義完全對立的菁英控制時，常會使用他的哲人政治（哲人王）概念。

亞里斯多德（西元前384～322）

古希臘哲學家，由於將邏輯學、自然學、哲學、倫理學、政治學等學問集大成，因而被稱為「萬學之祖」。主張德性應該要保持在沒有過與不及的適切程度之中庸概念。因此，相對於他師父柏拉圖的理想主義，亞里斯多德可說是現實主義。

他在雅典郊外設立呂克昂學院，在馬其頓國王的延攬下，擔任後來成為亞歷山大大帝的家庭教師。著作包括《自然學》、《政治學》、《尼各馬科倫理學》。

重點

・和理想主義者柏拉圖相較之下，他的名字通常出現於現實主義者的代名詞。

・主張中庸之說的倫理學，在職業倫理或技術者倫理方面受到注目。

勒內・笛卡兒（1596～1650）

近代法國哲學家。提出不容質疑的只有自己的意識之發現，建立近代哲學基礎的人物。他的思想可用「我思，故我在」（Cogito, ergo sum）這句名言來表現。另外，他更由此延伸出身心是不同性質的兩樣東西之「身心二元論」，直到後世仍招來相當多的批評。

笛卡兒不僅哲學，在數學、自然學、生理學等廣泛領域，也有許多研究成果。比方說他其實是有名的數學家，同時也是可與伽利略並駕其驅的科學家。著作包括《方法導論》、《第一哲學沉思集》、《論靈魂中的激情》。

重點

・就法國重視哲學這層意義上，常可耳聞「法國是誕生笛卡兒的國家」這句話。

・「我思，故我在」有時會用在應當相信自己這個意義上。

尚・雅克・盧梭（1712～1778）

法國哲學家。也是一位有名的音樂家。耳熟能詳的童謠〈握緊拳頭〉（Rousseau's Dream）就是由盧梭寫的曲子。雖然有交往對象，但他的五個孩子都被送到孤兒院。

三十八歲時因為懸賞論文雀屏中選終於以思想家出道，五十歲時出版《社會契約論》的同時，卻讓他被貼上思想危險的標籤。作品包括《社會契約論》、《愛彌兒》、《論人類不平等的起源和基礎》等。

重點

・在歐洲，法國大革命是最常被提及的事件，而盧梭則是最常被提及的背後精神支持象徵人物。

・私生活不檢點及偉大思想的落差也是一大話題。

伊曼努爾・康德（1724～1804）

近代德國哲學家。綜合經驗主義及理性主義的兩大哲學潮流，完成批判哲學。說他是建構「德意志觀念論」基礎的人物也不為過。

另外，被稱作康德倫理的嚴格倫理學，由於要求無條件的道德行為，被視作現代倫理學的經典。他倡議的和平思想更是國際聯盟的基礎，終其一生在寬廣的領域潛心思考。著作包括《純粹理性批判》、《實踐理性批判》、《判斷力批判》、《永久和平論》等。

重點

・在商場上一涉及倫理話題，可說必定會談到康德的倫理學。

・一提到康德的名字，就如同談及艱澀事物的代名詞。

傑瑞米・邊沁（1748～1832）

英國思想家。主張人的行為如果能帶來快樂就是善，如果產生痛苦則是惡。判斷善惡時，以行為增加快樂或痛苦，這就是效益主義。以他的名言「最大多數的最大幸福」為一大象徵。

另外，當時從英國的私法混亂的狀況，致力於法律的修正，從事救貧法修正及監獄改革等。邊沁的效益主義而後由彌爾以批判性的承繼下去，直到現代仍產生很大的影響。著作包括《政府論片斷》、《道德與立法原理》等。

重點

・以追求最大利潤為目的的商場，基本上就是基於他的效益主義，所以常出現他的名字。

・當揶揄被公司或主管監視時，常會提及邊沁所構想的全景監獄。

喬治・威廉・弗里德里希・黑格爾（1770～1831）

德國哲學家，被稱作近代哲學的完成者。一如這個稱號，黑格爾是將近代所有哲學體系化並加以完成的人物，因此對於後繼時代的哲學家而言，他們的使命就是打破黑格爾成立的體系。

黑格爾年輕時命運多舛，直到三十七歲時出版《精神現象學》以前，連大學正式的教職都無法取得，即使如此，他最後仍是就任柏林大學學問行政最高職位的校長一職，對發展中國家普魯士改革具有極大貢獻。著作包括《精神現象學》、《法哲學原理》、《邏輯學》等。

重點

・提到問題解決的話題時，有時會談到他的辯證法理論。

・談到歷史發展話題時，常會舉出黑格爾把自由主義定位於最後的歷史哲學。

卡爾・馬克思（1818～1883）

德國哲學家、經濟學家。身為新聞主編而站在反政府的立場發言，受到禁止刊行的處分。逃亡到倫敦後，終其一生致力於研究工作。

主張所有社會的歷史都是階級鬥爭的歷史，而階級鬥爭形成資本主義的崩壞，以及經由革命帶來勞動階級的勝利。將資本主義結構以科學方式分析而誕生科學的社會主義思想。在盟友恩格斯的援助下，確立將勞動者從異化中解放為目標的「馬克思主義」，對於後世造成很大的影響。著作包括《共產黨宣言》、《一八四四年經濟學哲學手稿》、《資本論》等。

重點

・在談到與資本主義象徵之商業行為對立時，經常出現馬克思主義的名詞。
・在談及學生時期話題時，過去所學的那些無用武之地的教養代名詞。

弗里德里希・尼采（1844～1900）

德國哲學家。學習古典文獻學，二十五歲前後即任職巴塞爾大學教授。然而，由於罹病的緣故，短短十年即去職。

他在思想方面，從藝術面對於生的歡愉與厭世，就肯定與否定的二元化加以考察。另外，他把基督教定位於奴隸道德，宣稱「上帝已死」。主張人生只是相同的事一再重複的永劫回歸，肯定意志力量，堅強地活下去，亦即所謂的「超人思想」。著作包括《悲劇的誕生》、《歡愉的科學》、《查拉圖斯特拉如是說》等。

重點

·包括「上帝已死」在內，他所說出的一流格言就是話題。

·接納獨自的痛苦思想有時也會成為話題。日本出版的《超譯尼采》更是銷暢書。

馬丁・海德格（1889～1976）

德國哲學家，受到胡塞爾的現象學影響，才開始正式探究「存有」本質的人物。就自己開拓人生的意義而言，也被分類於存在主義。作為這世界的存有，我們卻迷失了原本的自己，海德格主張應該覺察自己是無可取代的「向死存有」。他並且把覺察的人稱為「此有」（Dasein）。

可惜的是他因為支持納粹而就任弗萊堡大學校長，戰後被逐出大學。

著作包括《存有與時間》、《論人本主義書信》、《形上學導論》。

重點

·特別是在歐洲，提及納粹時就會成為話題的人物。

·談論科技話題時，他的技術者論有時也會被提出來。

尚・保羅・沙特（1905～1980）

法國哲學家。與在校認識的名媛才女西蒙・波娃，終其一生維持沒有正式婚姻的戀人關係。發表小說《嘔吐》予人衝擊印象後，持續發表刺激人心的小說及戲劇作品。

雖然曾任職高中教師，卻沒有大學學籍，就這個意義而言，他是在野的哲學家及文學家。他也接觸馬克思主義，除了阿爾及利亞獨立戰爭以外，還積極參與許多社會運動（「介入」的實踐），著作包括《嘔吐》、《存在與虛無》、《存在主義是一種人道主義》。

重點

・在法國談到政治或文學話題時，必定會提及的話題文物。

・在西方談到男女關係話題時，他和西蒙．波娃的自由戀愛形式也會引起熱烈討論。

西格蒙德．佛洛伊德（1856～1939）

出生於奧地利的精神分析家。佛洛伊德從診察及研究中提出精神分析學。他的精神分析著重於人類的幼年經驗，尤其是重視性體驗的幼兒性欲論最廣為人知。其中戀母情結的概念，對於自我形成所產生的各種障礙說明，對精神分析研究產生極大影響。他是首位正式解說人類潛意識，對於笛卡兒以來的意識中心哲學潮流拋出極大疑問占有重要地位。著作包括《夢的解析》、《精神分析入門》。

重點

・討論相關者的性格時，常會談及佛洛伊德的理論。

・意味心靈創傷的「psychological trauma」用語，常用來指稱過去遭到的失敗。

路德維希・維根斯坦（1889～1951）

出生於奧地利的哲學家，在潛心研究生涯中途，突然隱遁到偏遠的山區，或是入伍參加世界大戰等，過著與眾不同的人生。在二十多歲時完成《邏輯哲學論》，宣稱已徹底了解哲學，然後到鄉下小學任職教師。這是他前期的思想，而後發展成邏輯實證主義之極大潮流。然而，後來他發現自己哲學上的謬誤，再一次回到大學，因而達成以「語言遊戲」概念為核心——脈絡決定言語的意義——的後期思想。著作包括《邏輯哲學論》、《哲學研究》。

重點

·談到意志溝通的話題時，有時會提及他脈絡決定言語意義的「語言遊戲」概念。

·提到早熟的天才代名詞，會舉出他的名字。

艾力・賀佛爾（1902～1983）

出生於美國的哲學家。七歲時突然原因不明而失明，並且失去了母親。童年時期完全沒有受過教育，十五歲時突然恢復視力，於是，害怕再度失去視力的不安，使他幾乎是貪求無厭地埋首讀書。一生未曾受過任何教育，邊從事碼頭搬運工作邊靠著自學成就學問，因而被稱為碼頭搬運工哲學家。特色是人類分析與大眾分析。著作包括《群眾運動聖經》、《來自碼頭的工作與思考》等。

重點

- 談到自學的哲學家或研究者，會提出他的名字。
- 談論勞動意義的主題時，他的工作觀會作為一種典型被討論。

克勞德・李維史陀（1908～2009）

法國人類文化學家。他先在高中任職哲學教師，而後前往巴西的聖保羅大學擔任社會學教授，接著便在當地調查部落，轉而研究人類文化學。

一九五九年成為法蘭西公學院社會人類學講座的第一任教授。之後出版了《野性的思維》，掀起結構主義熱潮。李維史陀因為著重文明結構的理解及關係，推翻了西方近代文明優越性的思維。作品包括《憂鬱的熱帶》、《野性的思維》等。

重點

- 在批判西方或文明論述時，會出現他的名字。
- 當出現短視偏狹的觀點時，常會引用結構主義。

米歇爾・傅柯（1926～1984）

法國哲學家。傅柯由於自身是同性戀者的苦惱折磨，度過精神不穩定的青年期。在法蘭西公學院任職教授後，其後積極投入政治活動。八〇年代更協助越南難民、波蘭團結工聯等活動。

傅柯的政治活動並不是揮舞著宣揚政治意識型態的大旗進行，而是以專家角度投入個別問題。可惜最後因為愛滋病而離開人世。著作包括《瘋癲與文明》、《詞與物》、《規訓與懲罰：監獄的誕生》。

重點

・在權力批判的論述，有時會提及他徹底一貫的態度。
・談及同性戀或愛滋病的話題時，有時會舉出傅柯的名字。

雅克・德希達（1930～2004）

法國現代思想家。任職高等師範學校教師等經歷後，自行設立國際哲學院，成為首任院長。後結構主義的代表思想家，不僅限於國內，也在世界各國展開演講活動。就如他的思想「解構主義」概念象徵般，可以說把自古代以來的西方哲學從基礎重新建構。根據解構主義，過去崇尚只有邏輯事物才正確的西方哲學傳統，完全被重新拆解。著作包括《書寫與延異》、《聲音與現象》、《論文字學》等。

重點

- 說到現代思想，他的名字猶如代名詞。
- 解構主義一詞，除了建築也被頻繁使用於各個領域，是經常出現的名詞。

尤爾根．哈伯馬斯（1929～）

德國哲學家。少年時代曾為希特勒青年團的成員之一，由於這個經驗而批判近代的工具理性思想，提出溝通理性的想法。並且，基於社會系統而衍生的生活世界殖民化現象，訴求溝通討論的重要性，事實上，他也親自積極進行討論。他並且更進一步根據公共領域的結構轉型，在公共性的概念上也賦予現代意義，尤其著眼於公共圈的市民社會存在，可說是建立現代公共哲學基礎的人物。著作包括《溝通行動理論》、《公共領域的結構轉型》、《事實與效力》等。

重點

- 由於是現在仍然活躍的哲學家，在他出生地的德國及歐洲時常成為話題。
- 需要充分討論時，常會參考他的溝通行為概念。

約翰・羅爾斯（1921～2002）

美國政治學家，哈佛大學教授。被視作在偏重實用學問的風潮中，復興政治哲學的人物。他的思想是批判功利主義，建構以民主主義社會為基本原理的倫理學。尤其現代自由主義經典大作《正義論》中，主張自由平等的個人，應訂定社會制度規則，以公正作為社會正義核心的立場。一九六〇年代，在越南反戰運動等，探索拒絕兵役思想的根據等，積極提出與社會相關的言論。著作包括《正義論》、《政治自由主義》、《萬民法》等。

重點

- 在商場上談論正義話題時，常出現他的名字。
- 論及政治，尤其是有關福祉或戰爭主題時，他的正義論有時會成為話題。

邁可·桑德爾（1953～）

美國政治哲學家，哈佛大學教授。思想上從社群主義立場，倡議道德議論的重要性。在日本由於NHK曾播放「哈佛的正義講堂」節目，因而掀起話題。

八〇年代批判羅爾斯，可以說是掀起自由主義、社群主義爭論的中心人物，另外，近年來也對市場經濟矛盾寄予關心，對於市場上的道德樣貌展開的發言也頗受注意。著作包括《自由主義與正義的局限》、《正義：一場思辨之旅》、《民主的不滿》等。

重點

- 與上千人為對象進行對話式授課的手法形成話題。曾看過NHK播放「哈佛的正義講堂」商業人士相當多。
- 在市場上談到道德、正義的話題時，會談到他有關善的論點。

甘丹・梅亞蘇（1967～）

法國哲學家。思辨實在論的代表性存在。在最近十年間也稱為思辨的回轉之新哲學潮流正在抬頭。思辨實在論最初的出現，為二〇〇七年，英國倫敦大學金匠學院所開設的工作坊是契機。當時的梅亞蘇就是創設成員之一。梅亞蘇提出「相關主義」的概念，顛覆康德以來的哲學主流思維，闡述在這個世上偶然性是唯一的必然性。著作包括《有限性之後》等。

重點

・談到最新哲學話題時，必定會談到思辨實在論及他的名字。

・論及世界是被偶然支配的脈絡時，也會出現他的名字。

工具
7

用詞

應該了解的「必需用詞」

哥白尼革命

超譯 一百八十度的想法轉換。

解說

所謂哥白尼革命，是指對於事物認知，康德認為不是因對象而產生認知，而是因為認知而構成的思維。比方說，通常我們認識眼前所看到的蘋果，是因為我們看到蘋果，然後我們認知到那是蘋果。但康德卻有相反的思維，他認為是眼睛看到蘋果，建構蘋果的樣貌，才產生蘋果的認知。

用例

完全不思考利益的商務行為，簡直就是哥白尼革命。

後現代主義

超譯 **以批判性角度解讀近代的現代思想。**

解說

所謂的後現代，顧名思義是「現代之後」，是近代以後思想的總稱。近代思想都在追求人類知識的無限可能性。亦即近代這個時期，照理說應該能使人類理性發揮得淋漓盡致，然而揭開真相卻是貧困、戰爭、大量屠殺等諸多矛盾衝突。因此，出現的後現代思想便是以批判角度反省近代思想應有的樣貌。

用例

要展開符合每個人不同需求的市場，簡直就是後現代的思維。

憤懣（ressentiment）

超譯 輸不起。

解說

哲學專有名詞的「憤懣」，來自尼采所用的詞彙。根據尼采的定義，弱者由於實際上力量不及強者，因此在內心抱著復仇的想法。這種時刻懷著的情感，尼采稱為「憤懣」。就這個定義來看，我認為接近怨恨或不認輸。尼采說這正是基督教的道德性說詞。而且批評這種顛倒是非的道德為奴隸道德。因此，我們只要跨越憤懣的情緒就好了不是嗎？

用例

自己進不了大公司上班，就罵那家公司很爛，這種狗屁不通的批評，根本就是憤懣嘛！

典範

超譯 **成為範例的某種形式。**

解說

根據科學史家湯瑪斯・孔恩的解釋，是科學界的當代常識。的確，當時代改變，支撐科學整體的常識或假設也會產生大幅改變。

這樣的詮釋被引伸援用後，一般都把當代的常識或假設的大幅轉變，稱為「典範」。不論在任何領域，都有被視為常識的認知、思想或價值觀。

用例

想要開始新的商務，就要先對典範轉移所發生的事實具有敏銳度。

自由主義（Liberalism）

超譯 **以中立立場加以判斷的思想。**

解說

「Liberalism」是政治學的基本用語，一般譯為「自由主義」，指尊重個人自由的思想。原本自由主義有多重意義，最初是源於「應保障人類與生俱來的生命、自由、財產等天賦人權免於遭受濫權侵害」的思想。

後來，十九世紀約翰・史都華・彌爾以「不危害他人的情況下，自由應受保障」的論述，來表現古典自由主義的內涵。從其中可以看出自由主義的含意包括價值的中立性。

用例

在商場上也不是一味受傳統局限，採取自由主義的態度非常重要。

中庸

超譯　**差不多就好。**

解說

所謂中庸，就是恰如其分的意思。在中國思想中，比方說孔子也主張中庸，認為人應該抱著無「過與不及」的適當態度。另外，古希臘的「mesotes」也是相同概念，一般也譯為中庸。

比方說亞里斯多德指的中庸，主張的是人們值得獎勵的美德。

用例

在講求爾虞我詐的商場，要抱著中庸的態度可說難如登天。

辯證法

超譯 **開創第三條道路的方法。**

解說

提到辯證法，一般指的都是黑格爾的辯證法。就黑格爾的理論，是在問題發生之際，克服問題並且達到更高一個層次的思考方法，稱為辯證法。藉由這個方式，把乍看之下不相容的兩個對立問題，不是以割捨的方式，而是尋求更佳解決方法。也就是開創第三條道路的方法。具體來說，就是以「命題→反命題→合題」，以德文來表現則是「These → Antithese → Synthese」。

用例

要繼續執行計畫，或是完全退出的二擇一方案，討論沒有結果，或許有必要以辯證法找出答案。

習慣

超譯　**透過習慣培養而成的精神。**

解說

古希臘的亞里斯多德，主張人的德性分為可以知識養成及習慣養成。其中知識養成的德性雖然可以經由鍛鍊而成，習慣養成的德性卻沒辦法，因為那是必須從日常生活中，透過實踐自然地磨鍊而成，這就是「習慣」（ethos）。習慣就是在一個社會群體中反覆練習而養成的精神。

用例

雖然有人會批評這樣很消極的想法，但在商場上照樣保持謙虛的態度，對日本人而言可以說是習慣吧？

Cogito, ergo sum

超譯　**能確認的就只有自我意識。**

解說

這是形成法國近代哲學家笛卡兒思想主幹的名言「我思，故我在」的拉丁原文。笛卡兒為了探究真理，懷疑所有事物，肉眼可見的事物自然不用說，連做夢也懷疑。他把這樣的思考法稱為「方法的懷疑」。結果，他發現只有進行懷疑的行為這個自我意識不容懷疑。

用例

最後只能相信自己了呀！這就是「Cogito, ergo sum」，所謂「我思，故我在」嘛！

世界主義

超譯　不以國家，而是以個人為單位來思考事物的立場。

解說

「Cosmopolitanism」也被譯作「世界公民主義」，亦即跳脫國家框架，把整個世界視作人類居住的共同場所。藉由這樣的想法，不是以國家而是以個人為單位來考量正義或幸福。現代在面對包括貧困在內的種種問題時，為了實現全球性正義，便有人提倡以自由的世界主義之政治思想，摒除以國家為單位，而是採個人為主體思考正義的方式。

用例

在全球性的環境下要展開商機，應該不是以國家為單位，而是以世界主義的概念來思考。

社會契約論

超譯 **人民應基於契約以統御國家的理論。**

解說

絕對君權的時代，主張帝王由神明賦予權力的君權神授說。與此理論對抗而出現的理論則是社會契約論。

因此，所謂社會契約論，就是否定帝王的絕對權力，主張人民應該基於契約建立國家的理論總稱。在歷史上以霍布斯、洛克、盧梭的理論最為有名。

用例

就像在西方社會常看到的，我們才是國家的主人這樣的想法，就是基於社會契約說。

先驗、後驗

超譯　無經驗／基於經驗。

解說

先驗、後驗，都是康德提出的用詞。先驗指的是在毫無前提的情況下，就能說明事物；相對的，後驗則是指需要經驗才能說明。

通常事物都是有經驗才能理解，因此，後驗的概念作為我們在理解日常事物的做法可能比較容易明白。不過，根據康德的說法，對於某些事物就算沒有任何經驗也能加以說明。

用例

我認為在商場上，沒有那麼簡單可以獲得先驗的解答。

實用主義

超譯 **肯定實用知識的思考模式。**

解說

「Pragmatism」，在希臘文中源於「Pragma」這個意指行為或實踐的詞彙，譯為實用主義。可以說是唯一源自於美國的哲學思想。最初提倡實用主義的是查爾斯．桑德斯．皮爾士，而後將皮爾士創設的實用主義繼續發展下去的是威廉．詹姆斯，實用主義就這樣成為更具實踐性的思想發展，最後由約翰．杜威集大成。杜威將知識詮釋為對人類行為有用的工具，這個思想稱為工具主義。

用例

美國人在工作之際，有採取實用主義思考的傾向。

觀念論

超譯 **認為世界是在我們腦中建構而成的思考。**

解說

所謂觀念論，是指事物的存在基於我們的主觀，也就是基於認知的思考。根據這樣的思考，世界便僅是純粹在我們的腦中所建構的產物。

也就是說，若把觀念論貫徹到極致，世上的一切存在都將只是觀念的集合體。這麼一來，既然一切都是由人類建構而成，就不會有人類無法理解的事物。

用例

現實問題席捲而來的商場日常中，一味以觀念論的腦袋天馬行空的思考，將難以和市場競爭。

結構主義

超譯 **任何事物都能以結構觀點思考的立場。**

解說

所謂結構主義，就是放眼於事物或現象的整體結構，藉以探索本質的思想。這個概念始於索緒爾的語言學，於一九六〇年代的人類文化學者李維史陀發揚光大。這個思維的基本發想，是停止追求現象部分的理由，要求放眼於整體的結構。

比方說，透過放眼結構而了解實際成果最有名的例子，是李維史陀對於表兄妹結婚的分析案例。

用例

不論任何生意，見樹不見林都不可能成功，因此有必要更注意結構性觀察。

效益主義

超譯 **重視快樂及幸福作為行為原則的立場。**

解說

所謂效益主義，就是把行為善惡的判斷，以該行為是否能帶來幸福或快樂的倫理觀念。是英國傑瑞米・邊沁所主張。

這個原理運用於社會時，所謂社會的幸福就變成把每一個人的幸福加總，也就是他的名言「最大多數的最大幸福」所表現的內容。

用例

即使多少有犧牲，能賺錢就好了，你還真是徹底的效益主義呀！

存在主義

超譯 **自行開創人生道路的方式。**

解說

所謂的存在主義，簡單來說就是自行開創人生道路的方式。雖然有各種不同觀念的思想家提出存在主義，但最典型的則是沙特的思想。

根據沙特的說法，人類絕對不是受到某種既有本質支配的存在，而是應該親手開創命運的存在，他以「存在先於本質」來表現這個概念。所謂的存在也就是實存，而本質就有如預先注定的命運。

用例

正因為是無法預知前景的時代，所以把自己的命運交給別人絕對無法向前邁進，只能以存在主義的方式開創自己的道路。

唯物史觀（歷史唯物主義）

超譯 經濟推動歷史之主張。

解說

所謂的唯物史觀，是馬克思獨特的歷史觀。馬克思把物質的生產活動，定位成建立社會、歷史的基礎，然後才在這個基礎上成立法律、政治等制度。也就是說，他認為當生產性的提高，生產力不再適合生產關係時，這樣的矛盾會形成原動力，推動歷史朝向下一個階段邁進。具體來說，就是從原始共產制度推進到奴隸制度、資本主義、社會主義、共產主義。

用例

你說「不論政治、思想、法律，到頭來還是取決於當代的經濟活動」，所以你是站在唯物史觀立場對吧？

解構主義

超譯 **從頭重新來過。**

解說

所謂解構主義，是德希達的用語，意味著從頭重新來過。是德希達意圖拆解西方近代哲學體系中特有態度的概念。其中意味著拆解結構物，並且重新建構。也就是說，重點不是只有拆解就好了，必須重新建構。所謂解構主義，是把既存事物樣貌，從頭建構起新的型態。

用例

換工作雖然有風險，但是要改變人生只能這麼做。因為我認為以解構主義的方式，也有機會往順利的方向發展。

定言令式

超譯　**無條件的義務。**

解說

定言令式是德國哲學家康德所提出的道德法則，指採取道德行為時的無條件義務。相反的則是指行為受到條件左右的假言令式。康德對於定言令式寫下的格式化句法是「你的意志標準，就是總是要合乎眾人都能同意的法則而行動」。也就是說，我們的行為標準，總是要根據任何人採用都不會產生不合宜或矛盾的原則。

用例

我們有時不計得失而做生意，不就是因為認為依照定言令式去做才正確嗎？

民粹主義

超譯 為民眾的不滿代言的討好政治型態。

解說

又譯為大眾迎合主義，指政治立場意圖迎合大眾的態度。然而，實際上並非聆聽民眾所說的內容，而是運用讓民眾能產生共鳴的辭藻，從而實現政治家自身期望的變革之菁英政治風格。

政治思想家揚—威爾納．穆勒，看到不認同自己以外的立場之反多元主義本質。當民眾產生不滿時，就會出現彷彿代言民眾不滿般的民粹主義政治家。

用例

民主主義之所以陷入功能不足，是因為民粹主義。

後記　全球化人才果然需要哲學

或許有讀者知道，本書是三年多以前在日本出版過的單行本，同樣書名的文庫本。很榮幸的單行本頗受好評，在商業書大賞獲得推薦。並且，日本哲學及中國哲學也成功系列化出版，因此才能以文庫版問世。

哲學因為是一門普遍的學問，內容雖然完全沒有必要改變，但加了些許最新的哲學資訊。這是因為哲學世界不斷持續變化，所以希望盡可能提供最新的資訊。

我在單行本的後記也寫過，每一個項目幾乎頂多兩頁的篇幅，並沒有進行深入的討論。不過，兩千數百年的知識濃縮成一冊，我想這才是最適合的方法。

如果是為了商場上需要的基本知識，我想這個程度的話應該就夠了。本書的閱讀對象不是專攻哲學的人，而是設定為想學習基礎哲學知識的商業人士或即將出社會的學生。因此，能夠一次吸收大量知識的書比較派得上用場。

如果是關心哲學，並且想進一步了解的人，再進到下一個階段就行了。只要具有本書的基礎知識，接下來再怎麼艱澀的說明應該都不成問題，甚至可以挑戰經典書籍。我想不妨可以先從本書介紹的必需經典哲學書籍開始閱讀。

學習知識後，務必要具體實踐。因為哲學不實際運用就毫無意義。運用哲學知識去發現事物的本質，透過這樣的方式使商務或人生能夠成功，提供這樣的工具才是本書真正的目的。

現在社會上高喊著栽培熱門的全球人才之必要性，但所謂全球人才，並不是意味著英語流利，也不是指單純具有通用於世界的知識，這些都是必要條件，但最重要的是能發揮通用於世界的知識，以自己的腦袋思考的人。

哲學作為思考的一門學問，最適合全球性人才的理由就是這一點。我個人自從學會「哲學教養」以來，學會以自己的腦袋確實思考。結果，不論和任何一個國家的人進行討論，都能確實表達自己的意見，所以我的人生舞台一口氣擴展到世界各國。所以我才會希望各位現在也都能學會哲學。

我是抱著作為全球性人才的養成教科書而寫下本書。但任何教科書都一樣，不可能找得到所有的答案，而是以教科書上學習的內容為基礎，練習問題，自行尋找出答案。就像數學也必須練習大量的模擬試題，哲學的模擬試題就在日常生活中或商務場合，亦即日常的實踐就是找出問題的解答。

不僅是二〇二〇年東京奧運的短期情況，日本即將正式迎接全球化，因此，雖然起步慢了一點，仍然應在大學針對全球人才培育，開始進行大改革。許多大學紛紛設立冠上「國際」一詞的學院，但問題是要教些什麼？要怎麼教？

本書源頭的單行本出版後，我再度到施行全球教育的大學新學院任教，把本書所寫的內容教給學生，我在這個實踐過程中感受到的，依然是哲學真的有必要。

最後，在改成文庫版時，受到許多人士傾力協助。尤其協助繁瑣作業的ＰＨＰ研究所北村淳子小姐，謹此表達謝意。並再次感謝讀完本書的讀者。

二〇一八年五月　小川仁志

國家圖書館出版品預行編目 (CIP) 資料

提升職場決斷力的西洋哲學：從哲學史、名著到專門用語，掌握為工作加分的 7 大工具 / 小川仁志著 ; 卓惠娟譯 . -- 初版 . -- 新北市 : 遠足文化 , 2019.11
面； 公分
譯自 : 世界のエリートが学んでいる教養としての哲学
ISBN 978-986-508-026-6 (平裝)

1. 西洋哲學

140 108012726

哲學好用 01

提升職場決斷力的西洋哲學

從哲學史、名著到專門用語，掌握為工作加分的 7 大工具

世界のエリートが学んでいる教養としての哲学

作者——小川仁志
譯者——卓惠娟
審定——王鍾山
執行長——陳蕙慧
總編輯——郭昕詠
校對——陳佩伶
行銷總監——李逸文
行銷企劃經理——尹子麟
封面設計——萬亞雰
封面插畫——Chia-Chi Yu / 達姆
排版——簡單瑛設

社長——郭重興
發行人兼
出版總監——曾大福
出版者——遠足文化事業股份有限公司
地址——231 新北市新店區民權路 108-2 號 9 樓
電話——(02)2218-1417
傳真——(02)2218-1142
電郵——service@bookrep.com.tw
郵撥帳號——19504465
客服專線——0800-221-029
網址——http://www.bookrep.com.tw
Facebook——https://www.facebook.com/saikounippon/
法律顧問——華洋法律事務所 蘇文生律師
印製——呈靖彩藝有限公司

初版一刷 西元 2019 年 11 月
Printed in Taiwan